LE COLLIER
DE LA REINE

PAR

ALEXANDRE DUMAS.

III

PARIS
ALEXANDRE CADOT, ÉDITEUR,
32, RUE DE LA HARPE.
—
1849

LE COLLIER DE LA REINE.

Ouvrages de Xavier de Montépin.

Confessions d'un Bohême	5 vol.
Les Chevaliers du Lansquenet	10 vol.
Les Viveurs d'autrefois	4 vol.
Pivoine	2 vol.
Les Amours d'un Fou	4 vol.

Sous presse.

Brutus Leroy.
Les Étudiants de Paris.
Les Oiseaux de nuit.
Le Roman de la vie.
Gabriel.
Cyrano de Bergerac.

Ouvrages d'Alexandre Dumas fils.

La Dame aux camelias.	2 vol.
Aventures de quatre femmes	6 vol.
Le docteur Servans	2 vol.
Le Roman d'une femme	4 vol.
Césarine.	1 vol.

Sous presse.

Blanc de Lys.
Les Amours véritables.

Impr. de E. Dépée, à Sceaux (Seine).

LE
COLLIER
DE LA REINE

PAR

ALEXANDRE DUMAS.

III

PARIS
ALEXANDRE CADOT, ÉDITEUR,
32, RUE DE LA HARPE.
—
1849

1

Le Suffren.

Contre toutes les habitudes de la cour, le secret avait été fidèlement gardé à Louis XVI et au comte d'Artois.

Nul ne sut à quelle heure et comment devait arriver M. de Suffren.

Le roi avait indiqué son jeu pour le soir.

A sept heures, il entra avec les princes et les princesses de sa famille.

La reine arriva tenant Madame royale, qui n'avait que sept ans encore, par la main.

L'assemblée était nombreuse et brillante.

Pendant les préliminaires de la réunion, au moment où chacun prenait place, le comte d'Artois s'approcha tout doucement de la reine et lui dit :

— Ma sœur, regardez bien autour de vous.

— Eh bien ! dit-elle, je regarde.

— Que voyez-vous ?

La reine promena ses yeux dans le cercle, fouilla les épaisseurs, sonda les vides, et apercevant partout des amis, partout des serviteurs, parmi lesquels Andrée et son frère,

— Mais, dit-elle, je vois des visages fort agréables, des visages amis surtout.

— Ne regardez pas qui nous avons,

ma sœur, regardez qui nous manque.

— Ah! c'est ma foi vrai, s'écria-t-elle.

Le comte d'Artois se mit à rire.

— Encore absent, reprit la reine. Ah! çà, le ferai-je toujours fuir ainsi.

— Non, dit le comte d'Artois; seulement, la plaisanterie se prolonge. Monsieur est allé attendre le bailli de Suffren à la barrière.

— Mais, en ce cas, je ne vois pas pourquoi vous riez, mon frère.

— Vous ne voyez pas pourquoi je ris?

— Sans doute, si Monsieur a été attendre le bailli de Suffren à la barrière, il a été plus fin que nous, voilà tout, puisque le premier il le verra, et par conséquent le complimentera avant tout le monde.

— Allons donc, chère sœur, répliqua le jeune prince en riant, vous avez une bien petite idée de notre diplomatie, Monsieur est allé attendre le bailli à la barrière de Fontainebleau, c'est vrai; mais nous avons, nous, quelqu'un qui l'attend au relais de Villejuif.

— En vérité?

— En sorte, continua le comte d'Artois, que Monsieur se morfondra seul à sa barrière, tandis que sur un ordre du roi M. de Suffren, tournant Paris, arrivera directement à Versailles, où nous l'attendons.

— C'est merveilleusement imaginé.

— Mais pas mal, et je suis assez content de moi. Faites votre jeu, ma sœur.

Il y avait en ce moment dans la salle du jeu, cent personnes au moins de la plus haute qualité : M. de Condé, M. de Penthièvre, M. de la Trémouille, les princesses.

Le roi seul s'aperçut que M. le comte d'Artois faisait rire la reine, et pour se mettre un peu dans leur complot, il leur envoya un coup-d'œil des plus significatifs.

La nouvelle de l'arrivée du commandeur de Suffren ne s'était point répandue, comme nous l'avons dit, et cependant on n'avait pu étouffer comme un présage qui planait au-dessus des esprits.

On sentait quelque chose de caché qui allait apparaître, quelque chose de nouveau qui allait éclore; c'était un intérêt inconnu qui se répandait par tout ce monde, où le moindre évènement prend de l'importance, dès que le maître a froncé le sourcil pour désapprouver ou plissé la bouche pour sourire.

Le roi, qui avait pour habitude de jouer un écu de six livres, afin de modérer le jeu des princes et des seigneurs de la cour, le roi ne s'aperçut pas qu'il mettait sur la table tout ce qu'il avait d'or dans ses poches.

La reine, entièrement à son rôle, fit de la politique et dérouta l'attention du cercle, par l'ardeur factice qu'elle mit à son jeu.

Philippe, admis à la partie et placé en face de sa sœur, absorbait par tous ses sens à la fois l'impression inouïe, stupéfiante de cette faveur qui le réchauffait inopinément.

Les paroles de son père lui revenaient, quoi qu'il en eût, à la mémoire. Il se demandait si en effet le vieillard qui avait vu trois ou quatre règnes de favorites, ne savait pas au juste l'histoire des temps et des mœurs.

Il se demandait si ce puritanisme qui tient de l'adoration religieuse, n'était pas un ridicule de plus qu'il avait rapporté des pays lointains.

La reine, si poétique, si belle, si fraternelle pour lui, n'était-elle, en somme qu'une coquette terrible, curieuse d'attacher une passion de plus à ses souvenirs, comme l'entomologiste attache un insecte ou un papillon de plus sous sa montre, sans s'inquiéter de ce que souffre le pauvre animal, dont une épingle traverse le cœur.

Et cependant la reine n'était pas une femme vulgaire, un caractère banal. Un regard d'elle signifiait quelque chose, d'elle qui ne laissait jamais tomber son regard sans en calculer la portée.

Coigny, Vaudreuil, répétait Philippe,

ils ont aimé la reine et ils en sont aimés. Oh! pourquoi, oh! pourquoi cette calomnie est-elle si sombre, pourquoi un rayon de lumière ne glisse-t-il pas dans ce profond abîme qu'on appelle un cœur de femme, plus profond encore lorsque c'est un cœur de reine.

Et lorsque Philippe avait assez ballotté ces deux noms dans sa pensée, il regardait à l'extrémité de la table MM. de Coigny et de Vaudreuil, qui, par un singulier caprice du hasard, se trouvaient assis côte à côte, les yeux tournés sur un autre point que celui où se trouvait la reine. Insouciants pour ne pas dire oublieux.

Et Philippe se disait qu'il était impossible que ces deux hommes eussent aimé et fussent si calmes, qu'ils eussent été aimés et qu'ils fussent si oublieux. — Oh! si la Reine l'aimait, lui, il deviendrait fou de bonheur; si elle l'oubliait après l'avoir aimé, il se tuerait de désespoir.

Et de MM. de Coigny et de Vaudreuil, Philippe passait à Marie-Antoinette.

Et toujours rêvant, il interrogeait ce front si pur, cette bouche si impérieuse, ce regard si majestueux; il demandait à toutes les beautés de cette femme la révélation du secret de la reine.

— Oh! non, calomnies! calomnies! que tous ces bruits vagues qui commençaient à circuler dans le peuple, et auxquels les intérêts, les haines ou les intrigues de la cour donnaient seuls quelque consistance.

Philippe en était là de ses réflexions, quand sept heures trois quarts sonnèrent à l'horloge de la salle des Gardes. Au même instant un grand bruit se fit entendre.

Dans cette salle, des pas retentirent pressés et rapides. La crosse des fusils frappa les dalles. Un brouhaha de voix, pénétrant par la porte entr'ouverte, appela l'attention du roi; qui renversa la tête en arrière pour mieux entendre, puis fit un signe à la reine.

Celle-ci comprit l'indication et immédiatement leva la séance.

Chaque joueur ramassant ce qu'il avait devant lui attendit, pour prendre une résolution, que la reine eût laissé deviner la sienne.

La reine passa dans la grande salle de réception.

Le roi y était arrivé devant elle.

Un aide-de-camp de M. de Castries, ministre de la marine, s'approcha du roi et lui dit quelques mots à l'oreille.

— Bien, répondit le roi, allez.

Puis à la reine :

— Tout va bien, ajouta-t-il.

Chacun interrogea son voisin du regard, le « tout va bien, » donnant fort à penser à tout le monde.

Tout-à-coup, M. le maréchal de Castries entra dans la salle en disant à haute voix :

— Sa Majesté veut-elle recevoir M. le bailli de Suffren, qui arrive de Toulon?

A ce nom, prononcé d'une voix haute, enjouée, triomphante, il se fit dans l'assemblée un tumulte inexprimable.

— Oui, Monsieur, répondit le roi, et avec grand plaisir.

M. de Castries sortit.

Il y eut presqu'un mouvement en masse vers la porte par où M. de Castries venait de disparaître.

Pour expliquer cette sympathie de la

France envers M. de Suffren, pour faire comprendre l'intérêt qu'un roi, qu'une reine, que des princes d'un sang royal mettaient à jouir les premiers d'un coup-d'œil de Suffren, peu de mots suffiront. Suffren est un nom essentiellement français : comme Turenne, comme Catinat, comme Jean-Bart.

Depuis la guerre avec l'Angleterre, ou plutôt depuis la dernière période de combats qui avaient précédé la paix, M. le commandant de Suffren avait livré sept grandes batailles navales sans subir une défaite; il avait pris Trinquemale et Gondelour, assuré les possessions françaises, nettoyé la mer, et appris au nabab Hayder-Haly, que la France était la première puissance de l'Europe. Il avait apporté dans l'exercice de la profession de marin toute la diplomatie d'un négociateur fin et honnête, toute la bravoure et toute la tactique d'un soldat, toute l'habileté d'un sage administrateur. Hardi, infatigable, orgueilleux quand il s'agissait de l'honneur du pavillon français, il avait fatigué les Anglais sur terre et sur mer, à ce point que ces fiers marins n'osèrent jamais achever une victoire commencée, ou tenter une attaque sur Suffren quand le lion montrait les dents.

Puis après l'action, pendant laquelle il avait prodigué sa vie avec l'insouciance du dernier matelot, on l'avait vu humain, généreux, compatissant; c'était le type du vrai marin, un peu oublié depuis Jean-Bart et Duguay-Trouin, que la France retrouvait dans le bailli de Suffren.

Nous n'essaierons pas de peindre le bruit et l'enthousiasme que son arrivée à Versailles fit éclater parmi les gentilshommes convoqués à cette réunion.

Suffren était un homme de cinquante-six ans, gros, court, à l'œil de feu, au geste noble et facile. Agile malgré son obésité, majestueux malgré sa souplesse, il portait fièrement sa coiffure, ou plutôt sa crinière : comme un homme habitué à se jouer de toutes les difficultés, il avait trouvé moyen de se faire habiller et coiffer dans son carrosse de poste.

Il portait l'habit bleu brodé d'or, la veste rouge, la culotte bleue. Il avait gardé le col militaire sur lequel son puissant menton venait s'arrondir comme le complément obligé de sa tête colossale.

Lorsqu'il était entré dans la salle des gardes, quelqu'un avait dit un mot à

M. de Castries, lequel se promenait en long et en large avec impatience, et aussitôt celui-ci s'était écrié :

— Monsieur de Suffren, Messieurs !

Aussitôt les gardes, sautant sur leurs mousquetons, s'étaient alignés d'eux-mêmes comme s'il se fut agi du roi de France, et, le bailli une fois passé, ils s'étaient formés derrière lui en bon ordre, quatre par quatre, comme pour lui servir de cortège.

Lui, serrant les mains de M. de Castries, il avait cherché à l'embrasser.

Mais le ministre de la marine le repoussait doucement.

— Non, non, Monsieur, lui disait-il, non, je ne veux pas priver du bonheur de vous embrasser le premier quelqu'un qui en est plus digne que moi.

Et il conduisit de cette façon M. de Suffren jusqu'à Louis XVI.

—Monsieur le bailli, s'écria le roi tout rayonnant et dès qu'il l'aperçut, soyez le bien-venu à Versailles. Vous y apportez la gloire, vous y apportez tout ce que les héros donnent à leurs contemporains sur la terre; je ne vous parle point de l'avenir, c'est votre propriété. Embrassez-moi, monsieur le bailli.

M. de Suffren avait fléchi le genou, le roi le releva et l'embrassa si cordialement, qu'un long frémissement de joie et de triomphe courut par toute l'assemblée.

Sans le respect dû au roi, tous les assistants se fussent confondus en bravos et en cris d'approbation.

Le roi se tourna vers la reine.

— Madame, dit-il, voici M. de Suffren,

le vainqueur de Trinquemale et de Gondelour, la terreur de nos voisins les Anglais, mon Jean-Bart à moi!

— Monsieur, dit la reine, je n'ai pas d'éloges à vous faire. Sachez seulement que vous n'avez pas tiré un coup de canon pour la gloire de la France, sans que mon cœur ait battu d'admiration et de reconnaissance pour vous.

La reine avait à peine achevé que le comte d'Artois, s'approchant avec son fils, M. le duc d'Angoulême :

— Mon fils, dit-il, vous voyez un héros. Regardez-le bien, la chose est rare.

— Monseigneur, répondit le jeune prince à son père, tout à l'heure encore je lisais les grands hommes de Plutarque, mais je ne les voyais pas. Je vous remercie de m'avoir montré M. de Suffren.

Au murmure qui se fit autour de lui, l'enfant put comprendre qu'il venait de dire un mot qui resterait.

Le roi alors prit le bras de M. de Suffren et se disposa tout d'abord à l'emmener dans son cabinet pour l'entretenir en géographe de ses voyages et de son expédition.

Mais M. de Suffren fit une respectueuse résistance.

— Sire, dit-il, veuillez permettre, puisque Votre Majesté a tant de bontés pour moi...

— Oh! s'écria le roi, vous demandez, monsieur de Suffren?

— Sire, un de mes officiers a commis contre la discipline une faute si grave, que j'ai pensé que Votre Majesté devait seule être juge de la cause.

— Oh! monsieur de Suffren, dit le roi,

j'espérais que votre première demande serait une faveur et non pas une punition.

— Sire, Votre Majesté, j'ai eu l'honneur de le lui dire, sera juge de ce qu'elle doit faire.

— J'écoute.

— Au dernier combat, cet officier dont je parle à Votre Majesté montait le *Sévère*.

— Oh! ce bâtiment qui a amené son pavillon, dit le roi en fronçant le sourcil.

— Sire, le capitaine du *Sévère* avait en effet amené son pavillon, répondit M. de Suffren en s'inclinant, et déjà sir Hugues, l'amiral anglais, envoyait un canot pour amariner la prise ; mais le lieutenant du bâtiment, qui surveillait les batteries de l'entrepont, s'étant aperçu que le feu cessait, et ayant reçu l'ordre de faire taire les canons, monta sur le pont; il vit alors le pavillon amené et le capitaine prêt à se rendre. J'en demande pardon à Votre Majesté, Sire, mais à cette vue, tout ce qu'il y avait de sang français en lui se révolta. Il prit le pavillon qui se trouvait à portée de sa main, s'empara d'un marteau, et tout en ordonnant de recommencer le feu, il alla clouer le pavillon au-dessous de la flamme. C'est par cet évènement, Sire, que le *Sévère* fut conservé à Votre Majesté.

— Beau trait! fit le roi.

— Brave action! dit la reine.

— Oui, Sire, oui, Madame; mais grave rébellion contre la discipline. L'ordre était donné par le capitaine, le lieutenant devait obéir. Je vous demande donc la grâce de cet officier, Sire, et je vous la demande avec d'autant plus d'instances qu'il est mon neveu.

— Votre neveu! s'écria le roi, et vous ne m'en avez point parlé.

— Au roi, non ; mais j'ai eu l'honneur de faire mon rapport à M. le ministre de la marine, en le priant de n'en rien dire à Sa Majesté avant que j'eusse obtenu la grâce du coupable.

— Accordée, accordée, s'écria le roi, et je promets d'avance ma protection à tout indiscipliné qui saura venger ainsi l'honneur du pavillon et du roi de France. Vous eussiez dû me présenter cet officier, monsieur le bailli.

Il est ici, répliqua M. de Suffren, et puisque Votre Majesté le permet.

M. de Suffren se retourna.

— Approchez, monsieur de Charny, dit-il.

La reine tressaillit. Ce nom éveillait dans son esprit un souvenir trop récent pour être effacé.

Alors un jeune officier, se détacha du groupe formé par M. de Suffren et apparut tout à coup aux yeux du roi.

La reine avait fait un mouvement de

son côté pour aller au devant du jeune homme, tout enthousiasmée qu'elle était du récit de sa belle action.

Mais au nom, mais à la vue du marin que M. de Suffren présentait au roi, elle s'arrêta, pâlit et poussa comme un petit murmure.

Mademoiselle de Taverney, elle aussi, pâlit et regarda avec anxiété la reine.

Quant à M. de Charny, sans rien voir, sans rien regarder, sans que son visage exprimât d'autre émotion que le respect, il s'inclina devant le roi qui lui donna sa main à baiser; puis il rentra modeste et tremblant, sous les regards avides de l'assemblée, dans le cercle d'officiers qui le félicitaient bruyamment, et l'étouffaient de caresses.

Il y eut alors un moment de silence et d'émotion, pendant lequel on eût pu voir le roi radieux, la reine souriante et indécise. M. de Charny les yeux baissés, et Philippe, à qui l'émotion de la reine n'avait point échappé, inquiet et interrogateur.

— Allons, allons, dit enfin le roi, venez, monsieur de Suffren, venez que nous causions; je meurs du désir de vous entendre et de vous prouver combien j'ai pensé à vous.

— Sire, tant de bontés...

— Oh! vous verrez mes cartes, monsieur le bailli ; vous verrez chaque phase de votre expédition prévue ou devinée d'avance par ma sollicitude. Venez, venez.

Puis, après avoir fait quelques pas, en entraînant M. de Suffren, il se retourna tout à coup vers la reine :

— A propos, Madame, dit-il, je fais

construire, comme vous savez, un vaisseau de cent canons ; j'ai changé d'avis sur le nom qu'il doit porter. Au lieu de l'appeler comme nous avions dit, n'est-ce pas, Madame...

Marie-Antoinette, un peu revenue à elle, saisit au vol la pensée du roi.

— Oui, oui, dit-elle, nous l'appellerons le *Suffren*, et j'en serai la marraine avec monsieur le bailli.

Des cris, jusques-là contenus, se firent jour avec violence : Vive le roi ! vive la reine !

— Et vive le *Suffren!* ajouta le roi avec une exquise délicatesse ; car nul ne pouvait crier vive M. de Suffren! en présence du roi, tandis que les plus minutieux observateurs de l'étiquette pouvaient crier : Vive le vaisseau de Sa Majesté !

— Vive le *Suffren!* répéta donc l'assemblée avec enthousiasme.

Le roi fit un signe de remercîment de ce que l'on avait si bien compris sa pensée, et emmena le bailli chez lui.

II

Monsieur de Charny.

Aussitôt que le roi eut disparu, tout ce qu'il y avait dans la salle de princes et de princesses vint se grouper autour de la reine.

Un signe du bailli de Suffren avait ordonné à son neveu de l'attendre ; et, après un salut indiquant l'obéissance, il était resté dans le groupe où nous l'avons vu.

La reine, qui avait échangé avec Andrée plusieurs coups-d'œil significatifs, ne perdait presque plus de vue le jeune homme, et chaque fois qu'elle le regardait, elle se disait.

— C'est lui, à n'en pas douter.

Ce à quoi mademoiselle de Taverney répondait par une pantomime qui ne devait laisser aucun doute à la reine, attendu qu'elle signifiait :

— Oh! mon Dieu, oui, Madame; c'est lui, c'est bien lui!

Philippe, nous l'avons déjà dit, voyait cette préoccupation de la reine ; il la voyait et il en sentait sinon la cause, du moins le sens vague.

Jamais celui qui aime ne s'abuse sur l'impression de ceux qu'il aime.

Il devinait donc que la reine venait d'être frappée par quelque évènement singulier, mystérieux, inconnu à tout le monde, excepté à elle et à Andrée.

En effet, la reine avait perdu contenance et cherché un refuge derrière son éventail, elle qui d'habitude faisait baisser les yeux à tout le monde.

Tandis que le jeune homme se demandait à quoi aboutirait cette préoccupation de Sa Majesté, tandis qu'il cherchait à sonder la physionomie de MM. de Coigny et de Vaudreuil afin de s'assurer s'ils n'étaient pour rien dans ce mystère, et qu'il les voyait fort indifféremment occupés à entretenir M. de Haga, qui était venu faire sa cour à Versailles, un personnage, revêtu du majestueux habit de cardinal, entra suivi d'officiers et de prélats dans le salon où l'on se trouvait.

La reine reconnut M. Louis de Rohan; elle le vit d'un bout de la salle à l'autre, et aussitôt détourna la tête sans même prendre la peine de dissimuler le froncement de ses sourcils.

Le prélat traversa toute l'assemblée sans saluer personne, et vint droit à la reine, devant laquelle il s'inclina bien plus en homme du monde qui salue une femme, qu'en sujet qui salue une reine.

Puis il adressa un compliment fort galant à Sa Majesté, qui détourna à peine la tête, murmura deux ou trois mots d'un cérémonial glacé, et reprit sa conversation avec madame de Lamballe et madame de Polignac.

Le prince Louis ne parut point s'être aperçu du mauvais accueil de la reine. Il accomplit ses révérences, se retourna sans précipitation, et avec toute la grâce d'un parfait homme de cour, s'adressant à Mesdames, tantes du roi, qu'il entretint longtemps, attendu qu'en vertu du jeu de bascule en usage à la cour, il obtenait là un accueil aussi bienveillant que celui de la reine avait été glacé.

Le cardinal Louis de Rohan était un homme dans la force de l'âge, d'une imposante figure, d'un noble maintien ; ses traits respiraient l'intelligence et la douceur : il avait la bouche fine et circonspecte, la main admirable ; son front, un peu dégarni, accusait l'homme de plaisir ou l'homme d'étude ; et chez le prince de Rohan il y avait effectivement de l'un et de l'autre.

C'était un homme recherché par les femmes qui aimaient la galanterie sans fadeur et sans bruit ; on le citait pour sa magnificence. Il avait en effet trouvé moyen de se croire pauvre avec seize cent mille livres de revenu.

Le roi l'aimait parce qu'il était savant ; la reine le haïssait au contraire.

Les raisons de cette haine n'ont jamais été bien connues à fond, mais elles peuvent soutenir deux sortes de commentaires.

D'abord, en sa qualité d'ambassadeur à Vienne, le prince Louis aurait écrit, disait-on, au roi Louis XV, sur Marie-Thérèse, des lettres pleines d'ironie que jamais Marie-Antoinette n'aurait pu pardonner à ce diplomate.

En outre, et ceci est plus humain et

surtout plus vraisemblable, l'ambassadeur, à propos du mariage de la jeune archiduchesse avec le dauphin, aurait écrit, toujours au roi Louis XV, qui aurait lu tout haut la lettre à un souper chez madame Dubarry, aurait écrit, disons-nous, certaines particularités hostiles à l'amour-propre de la jeune femme, fort maigre à cette époque.

Ces attaques auraient vivement blessé Marie-Antoinette, qui ne pouvait s'en reconnaître publiquement la victime et se serait juré d'en punir tôt ou tard l'auteur.

Il y avait naturellement là-dessous toute une intrigue politique.

L'ambassade de Vienne avait été retirée à M. de Breteuil au bénéfice de M. de Rohan.

M. de Breteuil, trop faible pour lutter ouvertement contre le prince, avait alors employé ce qu'en diplomatie on appelle l'adresse. Il s'était procuré les copies, ou même les originaux des lettres du prélat, alors ambassadeur, et balançant les services réels rendus par le diplomate avec la petite hostilité qu'il exerçait contre la famille impériale autrichienne, il avait trouvé dans la dauphine un auxiliaire décidé à perdre un jour M. le prince de Rohan.

Cette haine couvait sourdement à la cour; elle y rendait difficile la position du cardinal.

Chaque fois qu'il voyait la reine, il subissait ce glacial accueil dont nous avons essayé de donner une idée.

Mais plus grand que le dédain, soit qu'il fût réellement fort, soit qu'un sentiment irrésistible l'entraînât à pardonner tout à son ennemie, Louis de Rohan ne négligeait aucune occasion de se rapprocher de Marie-Antoinette, et les moyens ne lui manquaient pas. Le prince Louis de Rohan étant grand aumônier de la cour.

Jamais il ne s'était plaint, jamais il n'avait rien avancé à personne. Un petit cercle d'amis, parmi lesquels on distinguait le baron de Planta, officier allemand, son confident intime, servait à le consoler des rebuffades royales, quand les dames de la cour, qui en fait de sévérité pour le cardinal ne se modelaient pas toutes sur la reine, n'avaient point opéré cet heureux résultat.

Le cardinal venait de passer comme une ombre sur le tableau riant qui se jouait dans l'imagination de la reine. Aussi, à peine se fut-il éloigné d'elle que Marie Antoinette se rasérénant :

— Savez-vous, dit-elle à madame la princesse de Lamballe, que le trait de ce jeune officier, neveu de M. le bailli, est un des plus remarquables de cette guerre. Comment l'appelle-t-on déjà ?

— M. de Charny, je crois, répondit la princesse.

Puis, se retournant du côté d'Andrée pour l'interroger :

— N'est-ce point cela, mademoiselle de Taverney? demanda-t-elle.

— Charny, oui, Votre Altesse, répondit Andrée.

— Il faut, continua la reine, que M. de Charny nous raconte à nous-même cet épisode, sans nous faire grâce d'un seul détail. Qu'on le cherche. Est-il toujours ici?

Un officier se détacha et s'empressa de sortir pour exécuter l'ordre de la reine.

Au même instant, comme elle regardait autour d'elle, elle aperçut Philippe, et impatiente, comme toujours :

—Monsieur de Taverney, dit-elle, voyez donc.

Philippe rougit ; peut-être pensait-il qu'il eût dû prévenir le désir de sa souveraine. Il se mit donc à la recherche de ce bienheureux officier qu'il n'avait pas quitté de l'œil depuis sa présentation.

La recherche fut donc bien facile.

M. de Charny arriva l'instant d'après entre les deux messagers de la reine.

Le cercle s'élargit devant lui ; la reine put alors l'examiner avec plus d'attention qu'il ne lui avait été possible de le faire la veille.

C'était un jeune homme de vingt-sept à vingt-huit ans, à la taille droite et mince, aux épaules larges, à la jambe parfaite. Sa figure, fine et douce à la fois prenait un caractère d'énergie singulier à chaque fois qu'il dilatait son grand œil bleu au regard profond.

Il était, chose étonnante pour un

homme arrivant de faire les guerres de
l'Inde, il était aussi blanc de teint que
Philippe était brun; son col nerveux, et
d'un dessin admirable, se jouait dans
une cravate d'une blancheur moins écla-
tante que celle de sa peau.

Lorsqu'il s'approcha du groupe au
centre duquel se tenait la reine, il n'a-
vait encore en aucune façon manifesté
qu'il connût soit mademoiselle de Taverney, soit la reine elle-même.

Entouré d'officiers qui le question-
naient et auxquels il répondait civile-
ment, il semblait avoir oublié qu'il y

eût un roi auquel il avait parlé, une reine qui l'avait regardé.

Cette politesse, cette réserve étaient de nature à le faire remarquer beaucoup plus encore par la reine, si délicate sur tout ce qui tenait aux procédés.

Ce n'était pas seulement aux autres que M. de Charny avait raison de cacher sa surprise à la vue si inattendue de la dame du fiacre. Le comble de la prudhomie; c'était de lui laisser, s'il était possible, ignorer à elle-même qu'elle venait d'être reconnue.

Le regard de Charny, demeuré naturel, et chargé d'une timidité de bon goût, ne se leva donc point avant que la reine ne lui eût adressé la parole.

— Monsieur de Charny, lui dit-elle, ces dames éprouvent le désir, désir bien naturel puisque je l'éprouve comme elles, ces dames éprouvent le désir de connaître l'affaire du vaisseau dans tous ses détails; contez-nous cela, je vous prie.

— Madame, répliqua le jeune marin au milieu d'un profond silence. Je supplie Votre Majesté, non point par modestie, mais par humanité, de me dispenser de ce récit; ce que j'ai fait comme lieutenant du *Sévère*, dix officiers, mes camarades, ont pensé à le faire en même temps que moi ; j'ai exécuté le premier, voilà tout mon mérite. Quant à donner à ce qui a été fait l'importance d'une narration adressée à Sa Majesté, non, Madame, c'est impossible, et votre grand cœur, votre cœur royal, surtout, le comprendra.

L'ex-commandant du *Sévère* est un brave officier qui, ce jour-là, avait perdu la tête. Hélas ! Madame, vous avez dû l'entendre dire aux plus courageux, on n'est pas brave tous les jours. Il lui fallait dix minutes pour se remettre ; notre détermination de ne pas nous rendre lui a donné ce répit, et le courage lui est revenu ; dès ce moment, il a été le plus brave de nous tous ; voilà pourquoi je conjure Votre Majesté de ne pas exagérer le mérite de mon action, ce serait une occasion d'écraser ce pauvre officier qui pleure tous les jours l'oubli d'une minute.

— Bien, bien, dit la reine touchée et rayonnante de joie, en entendant le favorable murmure que les généreuses paroles du jeune officier avaient soulevé autour d'elle, bien, monsieur de Charny, vous êtes un honnête homme, c'est ainsi que je vous connaissais.

A ces mots l'officier releva la tête, une rougeur toute juvénile empourprait son visage ; ses yeux allaient de la reine à Andrée avec une sorte d'effroi. Il redoutait la vue de cette nature si généreuse et si téméraire dans sa générosité.

En effet, M. de Charny n'était pas au bout.

— Car, continua l'intrépide reine, il est bon que vous sachiez tous que M. de Charny, ce jeune officier, ce débarqué d'hier, cet inconnu, était déjà fort connu de nous avant qu'il nous fût présenté ce soir, et mérite d'être connu et admiré de toutes les femmes.

On vit que la reine allait parler, qu'elle allait raconter une histoire dans laquelle chacun pouvait glaner, soit un petit scandale, soit un petit secret. On fit donc cercle, on écouta, on s'étouffa.

— Figurez-vous, Mesdames, dit la reine, que M. de Charny est aussi indulgent envers les dames qu'il est impitoyable envers les Anglais. On m'a conté de lui une histoire qui, je vous le déclare d'avance, lui a fait le plus grand honneur dans mon esprit.

—Oh! Madame, balbutia le jeune officier.

On devine que les paroles de la reine, la pésence de celui auquel elles s'adressaient, ne firent que redoubler la curiosité.

Un frémissement courut dans tout l'auditoire.

Charny, le front couvert de sueur, eût donné un an de sa vie pour être encore dans l'Inde.

— Voici le fait, poursuivit la reine : Deux dames que je connais étaient attardées, embarrassées dans une foule. Elles couraient un danger réel, un grand danger. M. de Charny passait en ce moment par hasard ou plutôt par bonheur ; il écarta la foule et prit, sans les connaître et quoiqu'il fût difficile de reconnaître leur rang, il prit les deux dames sous sa protection, les accompagna fort loin... à dix lieues de Paris, je crois.

— Oh! votre Majesté exagère, dit en riant Charny rassuré par le tour qu'avait pris la narration.

— Voyons, mettons cinq lieues et n'en parlons plus, interrompit le comte d'Artois, se mêlant soudain à la conversation.

— Soit, mon frère, continua la reine ; mais ce qu'il y eût de plus beau, c'est que M. de Charny ne chercha même pas à savoir le nom des deux dames auxquelles il avait rendu ce service, c'est qu'il les déposa à l'endroit qu'elles lui indiquèrent, c'est qu'il s'éloigna sans retourner la tête, de sorte qu'elles s'échappèrent de ses mains protectrices sans avoir été inquiétées un seul instant.

On se récria, on admira ; Charny fut complimenté par vingt femmes à la fois.

— C'est beau, n'est-ce pas, acheva la

reine; un chevalier de la Table-ronde n'eût pas fait mieux?

— C'est superbe! s'écria le chœur.

— Monsieur de Charny, continua la reine, le roi est occupé sans doute de récompenser M. de Suffren, votre oncle; moi, de mon côté, je voudrais bien faire quelque chose pour le neveu de ce grand homme.

Elle lui tendit la main.

Et tandis que Charny, pâle de joie, y collait ses lèvres, Philippe, pâle de douleur, s'ensevelissait dans les amples rideaux du salon.

Andrée aussi avait pâli, et cependant elle ne pouvait deviner tout ce que souffrait son frère.

La voix de M. le comte d'Artois rompit cette scène, qui eût été si curieuse pour un observateur.

— Ah! mon frère de Provence, dit-il tout haut, arrivez donc, Monsieur, arrivez donc; vous avez manqué un beau spectacle, la réception de M. de Suffren ; en vérité, c'était un moment que n'oublieront jamais les cœurs français! Comment diable avez-vous manqué cela, vous, mon frère, l'homme exact par excellence?

Monsieur pinça ses lèvres, salua distraitement la reine et répondit une banalité.

Puis, tout bas, à M. de Favras, son capitaine des gardes.

— Comment se fait-il qu'il soit à Versailles?

— Eh! Monseigneur, répliqua celui-ci, je me le demande depuis une heure et ne l'ai point encore compris.

III

Les cent louis de la Reine.

Maintenant que nous avons fait faire ou fait renouveler connaissance à nos lecteurs avec les principaux personnages de cette histoire, maintenant que nous les avons introduits, et dans la petite maison du comte d'Artois, et dans le palais de Louis XIV, à Versailles, nous allons les mener à cette maison de la rue Sainte-Claude, où la reine de France est entrée incognito, et est montée, avec Andrée de Taverney, au quatrième étage.

Une fois la reine disparue, madame de La Mothe, nous le savons, compta et recompta joyeusement les cent louis qui venaient de lui choir si miraculeusement du ciel.

Cinquante beaux doubles louis de quarante-huit livres qui, étalés sur la pauvre table et rayonnants aux reflets de la lampe, semblaient humilier par leur présence aristocratique tout ce qu'il y avait de pauvres choses dans l'humble galetas.

Après le plaisir d'avoir, madame de La Mothe n'en connaissait pas de plus grand que de faire voir, La possession n'était rien pour elle, si la possession ne faisait pas naître l'envie.

Il lui répugnait déjà depuis quelque temps d'avoir sa femme de chambre pour confidente de sa misère ; elle se hâta donc de la prendre pour confidente de sa fortune.

Alors elle appela dame Clotilde, demeurée dans l'antichambre, et, ménageant habilement le jour de la lampe de manière à ce que l'or resplendît sur la table :

— Clotilde ? lui dit-elle.

La femme de ménage fit un pas dans la chambre.

— Venez ici et regardez, ajouta madame de La Mothe.

— Oh ! Madame... s'écria la vieille en joignant les mains et en allongeant le cou.

— Vous étiez inquiète de vos gages ? dit madame la comtesse.

— Oh ! Madame, jamais je n'ai dit un mot de cela. Dam ! j'ai demandé à madame la comtesse quand elle pourrait me payer, et c'était bien naturel, n'ayant rien reçu depuis trois mois.

— Croyez-vous qu'il y ait là de quoi vous payer?

— Jésus! Madame, si j'avais ce qu'il y a là, je me trouverais riche pour toute ma vie.

Madame de La Mothe regarda la vieille en haussant les épaules avec un mouvement d'inexprimable dédain.

— C'est heureux, dit-elle, que certaines gens aient souvenir du nom que je porte, tandis que ceux qui devraient s'en souvenir l'oublient.

— Et à quoi allez-vous employer tout cet argent? demanda dame Clotilde.

— A tout!

— D'abord, moi, Madame, ce que je trouverais de plus important, à mon avis, ce serait de monter ma cuisine, car vous allez donner à dîner, n'est-ce pas, maintenant que vous avez de l'argent?

— Chut! fit madame de La Mothe, on frappe.

— Madame se trompe, dit la vieille, toujours économe de ses pas.

— Mais je vous dis que si.

— Oh! je promets bien à Madame...

— Allez voir.

— Je n'ai rien entendu.

— Oui, comme tout à l'heure; tout à l'heure vous n'aviez rien entendu non plus : eh bien! si les deux dames étaient parties sans entrer?

Cette raison parut convaincante à dame Clotilde, qui s'achemina vers la porte.

— Entendez-vous? s'écria madame de La Mothe.

— Ah! c'est vrai, dit la vieille; j'y vais j'y vais.

Madame de La Mothe se hâta de faire glisser les cinquante doubles louis de la table dans sa main, puis elle les jeta dans un tiroir.

Et elle murmura, en repoussant le tiroir :

— Voyons, Providence, encore une centaine de louis.

Et ces mots furent prononcés avec une expression de sceptique avidité qui eût fait sourire Voltaire.

Pendant ce temps, la porte du palier

s'ouvrait, et un pas d'homme se faisait entendre dans la première pièce.

Quelques mots s'échangèrent entre cet homme et dame Clotilde sans que la comtesse pût en saisir le sens.

Puis la porte se referma, les pas se perdirent dans l'escalier et la vieille rentra une lettre à la main.

— Voilà, dit-elle, en donnant la lettre à sa maîtresse.

La comtesse en examina attentivement l'écriture, l'enveloppe et le cachet, puis, relevant la tête :

— Un domestique? demanda-t-elle.

— Oui, Madame.

— Quelle livrée?

— Il n'en avait pas.

— C'est donc un grison?

— Oui.

— Je connais ces armes, reprit madame de La Mothe en donnant un nouveau coup-d'œil au cachet.

Puis, approchant le cachet de la lampe :

— De gueules à neuf maclés d'or, dit-elle ; qui donc porte de gueules à neuf maclés d'or?

Elle chercha un instant dans ses souvenirs, mais inutilement.

— Voyons toujours la lettre, murmura-t-elle.

Et, l'ayant ouverte avec soin pour n'en point endommager le cachet, elle lut :

« Madame, la personne que vous avez
« sollicitée pourra vous voir demain au
« soir, si vous avez pour agréable de lui
« ouvrir votre porte. »

— Et c'est tout.

La comtesse fit un nouvel effort de mémoire.

— J'ai écrit à tant de personnes, dit-elle. Voyons un peu, à qui ai-je écrit...

— A tout le monde.

— Est-ce un homme, est-ce une femme qui me répond ?

— L'écriture ne dit rien... insignifiante... une véritable écriture de secrétaire.

— Ce style ? style de protecteur... plat et vieux.

Puis elle répéta :

« La personne que vous avez sollicitée... »

— La phrase a l'intention d'être humiliante. C'est certainement d'une femme.

Elle continna :

« ... Viendra demain soir si vous avez « pour agréable de lui ouvrir votre « porte. »

— Une femme eût dit : Vous attendra demain soir.

— C'est d'un homme...

— Et cependant, ces dames d'hier, elles sont bien venues, et pourtant c'étaient de grandes dames.

— Pas de signature...

— Qui donc porte de gueules à neuf maclés d'or?

— Oh! s'écria-t-elle, ai-je donc perdu la tête? les Rohan, pardieu!

— Oui, j'ai écrit à M. de Guéménée et à M. de Rohan ; l'un d'eux me répond, c'est tout simple.

— Mais l'écusson n'est pas écartelé, la lettre est du cardinal.

— Ah! le cardinal de Rohan, ce galant, ce dameret, cet ambitieux ; il viendra voir madame de La Mothe, si madame de La Mothe lui ouvre sa porte!

— Bon! qu'il soit tranquille, la porte lui sera ouverte.

— Et quand cela ? demain soir.

Elle se mit à rêver.

— Une dame de charité qui donne cent louis peut être reçue dans un galetas ; elle peut geler sur mon carreau froid, souffrir sur mes chaises dures comme le gril de saint Laurent, moins le feu. Mais un prince de l'Église, un homme de boudoir, un seigneur des cœurs ! Non, non, il faut à la misère que visitera un pareil aumônier, il faut plus de luxe que n'en ont certains riches.

Puis se retournant vers la femme de ménage qui achevait de préparer son lit :

— A demain, dame Clotilde, dit-elle, n'oubliez pas de me réveiller de bonne heure.

Là-dessus pour penser plus à son aise sans doute, la comtesse fit signe à la vieille de la laisser seule.

Dame Clotilde raviva le feu qu'on avait enterré dans les cendres pour donner un aspect plus misérable à l'appartement, ferma la porte et se retira dans l'appentis où elle couchait.

Jeanne de Valois, au lieu de dormir,
fit ses plans pendant toute la nuit. Elle
prit des notes au crayon à la lueur de la
veilleuse; puis, sûre de la journée du
lendemain, elle se laissa, vers trois heures du matin, engourdir dans un repos
dont dame Clotilde, qui n'avait guère
plus dormi qu'elle, vint, fidèle à sa re-
recommandation, la tirer au point du
jour.

Vers huit heures, elle avait achevé sa
toilette, composée d'une robe de soie
élégante et d'une coiffure pleine de goût.

Chaussée à la fois en grande dame et
en jolie femme, la mouche sur la pom-

mette gauche, la militaire brodée au poignet, elle envoya quérir une espèce de brouette à la place où l'on trouvait ce genre de locomotive, c'est-à-dire rue du Pont-aux-Choux.

Elle eût préféré une chaise à porteurs, mais il eût fallu l'aller quérir trop loin.

La brouette-chaise roulante, attelée d'un robuste Auvergnat, reçut l'ordre de déposer madame la comtesse à la place Royale, où sous les arcades du Midi, dans un ancien rez-de-chaussée d'un hôtel abandonné, logeait maître Pingret, tapissier décorateur, tenant meubles d'occasion et autres au plus juste prix pour la vente et la location.

L'Auvergnat brouetta rapidement sa pratique de la rue Saint-Claude à la place Royale.

Dix minutes après sa sortie, la comtesse abordait aux magasins de maître Pingret où nous allons la trouver tout à l'heure admirant et choisissant dans une espèce de pandœmonium dont nous allons essayer de faire l'esquisse.

Qu'on se figure des remises d'une longueur de cinquante pieds environ sur trente de large, avec une hauteur de dix-sept; sur les murs toutes les tapisseries du règne de Henri IV et de Louis XIII, aux plafonds dissimulés par le nombre des objets suspendus, les lustres à girandoles du XVIIe siècle, heurtant les lézards empaillés, les lampes d'église et les poissons volants.

Sur le sol entassés tapis et nattes, meubles à colonnes torses, à pieds équarris, buffets de chêne sculptés, consoles Louis XV, à pattes dorées, sofas couverts de damas rose ou de velours d'Utrecht, lits de repos, vastes fauteuils de cuir, comme les aimait Sully, armoires d'ébène aux panneaux en relief et aux baguettes de cuivre, tables de Boule à dessus d'émaux ou de porcelaine, trictracs, toilettes toutes garnies, commodes aux marqueteries d'instruments ou de fleurs.

Lits en bois de rose ou en chêne à estrades ou à baldaquin, rideaux de toutes formes, de tous dessins, de toutes étoffes, s'enchevêtrant, se confondant, se mariant ou se heurtant dans les pénombres de la remise.

Des clavecins, des épinettes, des harpes, des sistres sur un guéridon ; le chien de Malborough empaillé avec des yeux d'émail.

Puis du linge de toute qualité : des robes pendues à côté d'habits de velours, des poignées d'acier, d'argent, de nacre.

Des flambeaux, des portraits d'ancêtres, des grisailles, des gravures encadrées et toutes les imitations de Vernet, alors en vogue, de ce Vernet à qui la reine disait si gracieusement et si finement :

— Décidément, monsieur Vernet, il n'y a que vous en France pour faire la pluie et le beau temps.

IV

Maître Fingret.

Voici tout ce qui séduisait les yeux, et par conséquent l'imagination des petites fortunes dans les magasins de maître Fingret, place Royale.

Toutes marchandises qui n'étaient pas neuves, l'enseigne le disait loyalement, mais qui, réunies, se faisaient valoir l'une l'autre et finissaient par représenter un total beaucoup plus considérable que les marchandeurs les plus dédaigneux ne l'eussent exigé.

Madame de La Mothe, une fois admise à considérer toutes ces richesses, s'aperçut seulement alors de ce qui lui manquait rue Saint-Claude.

Il lui manquait un salon pour contenir sofa, fauteuils et bergères.

Une salle à manger pour renfermer buffets, étagères et dressoirs.

Un boudoir pour renfermer les rideaux perses, les guéridons et les écrans.

Puis enfin, ce qui lui manquait, eût-elle salon, salle à manger et boudoir, c'était l'argent pour avoir les meubles à mettre dans ce nouvel appartement.

Mais avec les tapissiers de Paris, il y a eu des transactions faciles dans toutes les époques, et nous n'avons jamais entendu dire qu'une jeune et jolie femme soit morte sur le seuil d'une porte qu'elle n'ait pas pu se faire ouvrir.

A Paris, ce qu'on n'achète point, on le loue, et ce sont les locataires en garni

qui ont mis en circulation le proverbe :
Voir, c'est avoir.

Madame de La Mothe, dans l'espérance d'une location possible, après avoir pris des mesures, avisa un certain meuble de soie jaune bouton d'or qui lui plut au premier coup-d'œil. Elle était brune.

Mais jamais ce meuble, composé de dix pièces, ne tiendrait au quatrième étage de la rue Saint-Claude.

Pour tout arranger, il fallait prendre à loyer le troisième étage, composé d'une antichanbre, d'une salle à manger, d'un petit salon et d'une chambre à coucher.

De telle sorte que l'on recevrait au troisième étage les aumônes des cardinaux, et au quatrième celles des bureaux de charité, c'est-à-dire dans le luxe les aumônes des gens qui font la charité par ostentation, et dans la misère les offrandes de ces gens à préjugés qui n'aiment point à donner à ceux qui n'ont pas besoin de recevoir.

La comtesse ayant ainsi pris son parti, tourna les yeux du côté obscur de la remise, c'est-à-dire du côté où les richesses se présentaient les plus splendides, côté des cristaux, des dorures et des glaces.

Elle y vit, le bonnet à la main, l'air impatient et le sourire un peu goguenard, une figure de bourgeois parisien qui faisait tourner une clé dans les deux index de ses deux mains, soudés l'un à l'autre par les deux ongles.

Ce digne inspecteur des marchandises d'occasion n'était autre que M. Fingret, à qui ses commis avaient annoncé la visite d'une belle dame venue en brouette.

On pouvait voir dans la cour les mêmes commis vêtus court et étroit de bure et de camelot, leurs petits mollets à l'air sous des bas quelque peu riants. Ils s'occupaient à restaurer, avec les plus vieux meubles, les moins vieux, ou, pour mieux dire, à éventrer sofas, fauteuils et carreaux antiques, pour en tirer le crin et la plume qui devaient servir à rembourrer leurs successeurs.

L'un cardait le crin, le mélangeait généreusement d'étoupes et en bourrait un nouveau meuble.

L'autre lessivait des bons fauteuils.

Un troisième repassait des étoffes nétoyées avec des savons aromatiques.

Et l'on composait de ces vieux ingrédiens les meubles d'occasion si beaux que madame de La Mothe admirait en ce moment.

Monsieur Fingret s'apercevant que sa pratique pouvait voir les opérations de ses commis, et comprendre moins favorablement l'occasion qu'il n'était expédient à ses intérêts, ferma une porte vitrée donnant sur la cour, de crainte que la poussière n'aveuglât madame...

Sur ce Madame... il s'arrêta.

C'était une interrogation.

Madame la comtesse de La Mothe-Valois, répliqua nonchalammant Jeanne.

On vit alors sur ce titre bien sonnant M. Fingret dissoudre ses ongles, mettre sa clé dans sa poche et se rapprocher.

— Oh! dit-il, il n'y a rien ici qui convient à Madame. J'ai du neuf, j'ai du beau, j'ai du magnifique. Il ne faudrait pas que madame la comtesse se figurât, parce qu'elle est à la place Royale, que la maison Fingret n'ait pas d'aussi beaux meubles que le tapissier du roi. Laissez tout cela, Madame, s'il vous plaît, et voyons dans l'autre magasin.

Jeanne rougit.

Tout ce qu'elle avait vu là lui paraissait fort beau, si beau qu'elle n'espérait même pas pouvoir l'acquérir.

Flattée sans aucun doute d'être si favorablement jugée par M. Fingret, elle ne pouvait s'empêcher de craindre qu'il ne la jugeât trop bien.

Elle maudit son orgueil, et regretta de ne s'être pas annoncée simple bourgeoise.

Mais de tout mauvais vice un esprit habile se tire avec avantage.

— Pas de neuf, Monsieur, dit-elle, je n'en veux pas.

— Madame a sans doute quelques appartements d'amis à meubler.

— Vous l'avez dit, Monsieur, un appartement d'ami. Or, vous comprenez que pour un appartement d'ami...

— A merveille. Que Madame choisisse, répliqua Fingret, rusé comme un marchand de Paris, lequel ne met pas d'amour-propre à vendre du neuf plutôt que du vieux, s'il peut gagner autant sur l'un que sur l'autre.

— Ce petit meuble bouton d'or, par exemple, demanda la comtesse.

— Oh! mais c'est peu de chose, Madame, il n'y a que dix pièces.

— La chambre est médiocre, repartit la comtesse.

— Il est tout neuf, comme peut le voir Madame.

— Neuf... pour de l'occasion.

— Sans doute, fit M. Fingret en riant; mais enfin, tel qu'il est, il vaut huit cents livres.

Ce prix fit tressaillir la comtesse; comment avouer que l'héritière des Valois se contentait d'un meuble d'occasion, mais ne pouvait le payer huit cents livres.

Elle prit le parti de la mauvaise humeur.

— Mais, s'écria-t-elle, on ne vous parle pas d'acheter, Monsieur. Où prenez-vous que j'aille acheter ces vieilleries. Il ne s'agit que de louer, et encore...

Fingret fit la grimace, car insensiblement la pratique perdait de sa valeur. Ce n'était plus ni un meuble neuf, ni même un meuble d'occasion à vendre, mais une location.

— Vous désireriez tout ce meuble bouton d'or, dit-il, est-ce pour un an?

— Non, c'est pour un mois. J'ai un provincial à meubler.

— Ce sera cent livres par mois, dit maître Fingret.

— Vous plaisentez, je suppose, Monsieur, car à ce compte, au bout de huit mois, mon meuble serait à moi.

— D'accord, Madame la comtesse.

— Eh bien, alors?

— Eh bien! alors, Madame, s'il était à vous il ne serait plus à moi, et par conséquent je n'aurais pas à m'occuper de le faire restaurer, rafraîchir; toutes choses qui coûtent.

Madame de La Mothe réfléchit.

— Cent livres pour un mois, dit-elle, c'est beaucoup; mais il faut raisonner : ou ce sera trop cher dans un mois, et alors je rends les meubles en laissant une grande opinion au tapissier, ou dans un mois je puis commander un meuble neuf. Je comptais employer cinq à six cents livres; faisons les choses en grand, dépensons cent écus.

— Je garde, dit-elle tout haut, ce meuble bouton d'or pour un salon, avec tous les rideaux pareils.

— Oui, Madame.

— Et les tapis?

— Les voici.

— Que me donnerez-vous pour une autre chambre?

— Ces banquettes vertes, ce corps d'armoire en chêne, cette table à pieds tordus, des rideaux verts en damas.

— Bien; et pour une chambre à coucher?

— Un lit large et beau, un coucher excellent, une courtepointe de velours brodée rose et argent, rideaux bleus, garniture de cheminée un peu gothique, mais d'une riche dorure.

— Toilette?

— Dont les dentelles sont de Malines. Regardez-les, Madame. Commode d'une marqueterie délicate, chiffonnier pareil, sofa de tapisserie, chaises pareilles, feu élégant, qui vient de la chambre à coucher de madame de Pompadour, à Choisy.

— Tout cela pour quel prix?

— Un mois?

— Oui.

— Quatre cents livres.

— Voyons, Monsieur Fingret, ne me

prenez pas pour une grisette, je vous
prie. On n'éblouit pas les gens de ma
qualité avec des drapeaux. Voulez-vous
réfléchir, s'il vous plaît, que quatre cents
livres par mois valent quatre mille huit
cents livres par an, et que pour ce prix
j'aurai un hôtel tout meublé.

Maître Fingret se gratta l'oreille.

— Vous me dégoûtez de la place
Royale, continua la comtesse.

— J'en serais au désespoir, Madame.

— Prouvez-le. Je ne veux donner que
cent écus de tout ce mobilier.

Jeanne prononça ces derniers mots

avec une telle autorité, que le marchand songea de nouveau à l'avenir.

— Soit, dit-il, Madame.

— Et à une condition, maître Fingret.

— Laquelle, Madame?

— C'est que tout sera posé, arrangé dans l'appartement que je vous indiquerai, d'ici à trois heures de l'après-midi.

— Il est dix heures, Madame; réfléchissez-y, dix heures sonnent.

— Est-ce oui ou non?

— Où faut-il aller, Madame?

— Rue Saint-Claude, au Marais.

— A deux pas?

— Précisément.

Le tapissier ouvrit la porte de la cour et se mit à crier : Sylvain! Landry! Rémy! Trois des apprentis accoururent enchantés d'avoir un prétexte pour interrompre leur ouvrage, un prétexte pour voir la belle dame.

Les civières, Messieurs, les charriots à bras!

— Rémy, vous allez charger le meuble bouton d'or. Sylvain, l'antichambre dans le charriot, tandis que vous, qui êtes soigneux, vous aurez la chambre à coucher.

— Relevons la note, Madame, et s'il vous plaît, je signerai le reçu.

— Voici six doubles louis, dit la comtesse, plus un louis simple, rendez-moi.

— Voici deux écus de six livres, Madame.

— Desquels je donnerai l'un à ces Messieurs, si la besogne est bien faite, répondit la comtesse.

Et ayant donné son adresse, elle regagna la brouette.

Une heure après le logement du troisième était loué par elle, et deux heures ne s'étaient pas écoulées, que déjà le salon, l'antichambre et la chambre à coucher, se meublaient et se tapissaient simultanément.

L'écu de six livres fut gagné par MM. Landry, Rémy et Sylvain, à dix minutes près.

Le logement, ainsi transformé, les vitres nétoyées, les cheminées garnies de feu, Jeanne se mit à sa toilette et savoura le bonheur deux heures, le bonheur de fouler un bon tapis; autour de soi, la répercussion d'une atmosphère chaude sur des murailles ouatées, et de respirer le parfum de quelques giroflées qui baignaient avec joie leur tige dans des vases du Japon, leur tête dans la tiède vapeur de l'appartement.

Maître Fingret n'avait pas oublié les bras dorés qui portent les bougies ; aux deux côtés des glaces, les lustres à girandoles de verre, qui, sous le feu des cires, s'irisent de toutes les nuances de l'arc-en-ciel.

Feu, fleurs, cires, roses parfumées, Jeanne employa tout à l'embellissement du paradis qu'elle destinait à Son Excellence.

Elle donna même ses soins à ce que

la porte de la chambre à coucher, coquettement entr'ouverte, laissât voir un beau feu doux et rouge, aux reflets duquel reluisaient les pieds des fauteuils, le bois du lit et les chenêts de madame de Pompadour, têtes de Chimères sur lesquelles avait posé le pied charmant de la marquise.

Cette coquetterie de Jeanne ne se bornait pas là.

Si le feu relevait l'intérieur de cette chambre mystérieuse, si les parfums décelaient la femme, la femme décelait une race, une beauté, un esprit, un goût dignes d'une éminence.

Jeanne mit dans sa toilette une recherche dont M. de La Mothe, son mari absent, lui eût demandé compte. La femme fut digne de l'appartement et du mobilier loué par maître Fingret.

Après un repas qu'elle fit léger, afin d'avoir toute sa présence d'esprit et de conserver sa pâleur élégante, Jeanne s'ensevelit dans un grand fauteuil à bergerie, près de son feu, dans sa chambre à coucher.

Un livre à la main, une mule sur un tabouret, elle attendit, écoutant à la fois et les tintements du balancier de la pendule et les bruits lointains des voitures qui troublaient rarement la tranquillité du désert du Marais.

Elle attendit. L'horloge sonna neuf heures, dix et onze heures ; personne ne vint, soit en voiture, soit à pied.

Onze heures! c'est pourtant l'heure des prélats galants qui ont aiguisé leur charité dans un souper du faubourg, et qui, n'ayant que vingt tours de roue à faire pour entrer rue Saint-Claude, s'applaudissent d'être humains, philantropes et religieux à si bon compte.

Minuit sonna lugubrement aux Filles-du-Calvaire.

Ni prélat ni voiture ; les bougies commençaient à pâlir, quelques-unes envahissaient en nappes diaphanes leurs patères de cuivre doré.

Le feu, renouvelé avec des soupirs, s'était transformé en braise, puis en cendre. Il faisait une chaleur africaine dans les deux chambres.

La vieille servante, qui s'était préparée, grommelait en regrettant son bonnet à rubans prétentieux, dont les nœuds, s'inclinant avec sa tête quand elle s'endormait devant sa bougie dans l'antichambre, ne se relevaient pas intacts, soit des baisers de la flamme, soit des outrages de la cire liquide.

A minuit et demi, Jeanne se leva toute furieuse de son fauteuil, qu'elle avait plus de cent fois, dans la soirée, quitté pour ouvrir la fenêtre et plonger son regard dans les profondeurs de la rue.

Le quartier était calme comme avant la création du monde.

Elle se fit déshabiller, refusa de souper, congédia la vieille, dont les questions commençaient à l'importuner.

Et seule, au milieu de ses tentures de soie, sous ses beaux rideaux, dans son excellent lit, elle ne dormit pas mieux que la veille; car la veille son insouciance était plus heureuse ; elle naissait de l'espoir.

Cependant, à force de se retourner, de se crisper, de se raidir contre le mauvais sort, Jeanne trouva une excuse au cardinal.

D'abord celle-ci : qu'il était cardinal, grand aumônier, qu'il avait mille affaires inquiétantes, et par conséquent plus importantes qu'une visite rue Saint-Claude.

Puis cette autre excuse :

Il ne connaît pas cette petite comtesse de Valois, excuse bien consolante pour Jeanne. Oh! certes, elle ne se fût pas consolée, si M. de Rohan eût manqué de parole après une première visite.

Cette raison que se donnait Jeanne à elle-même avait besoin d'une épreuve pour paraître tout-à-fait bonne.

Jeanne n'y tint pas; elle sauta en bas du lit, toute blanche qu'elle était dans son peignoir, et alluma les bougies à la veilleuse; elle se regarda longtemps dans la glace.

Après l'examen, elle sourit, souffla les bougies, et se recoucha. L'excuse était bonne.

V

Le cardinal de Rohan.

Le lendemain, Jeanne, sans se décourager, recommença toilette d'appartement et toilette de femme.

Le miroir lui avait appris que M. de Rohan viendrait pour peu qu'il eût entendu parler d'elle.

Sept heures sonnaient donc, et le feu du salon brûlait dans tout son éclat lorsqu'un carrosse roula dans la descente de la rue Saint-Claude.

Jeanne n'avait pas encore eu le temps de se mettre à la fenêtre et de s'impatienter.

De ce carrosse descendit un homme enveloppé d'une grosse redingotte ; puis la porte de la maison s'étant refermée sur cet homme, le carrosse alla dans une petite rue voisine attendre le retour du maître.

Bientôt la sonnette retentit, et le cœur

de madame de La Mothe battit si fort qu'on eût pu l'entendre.

Mais, honteuse de céder à une émotion déraisonnable. Jeanne commanda le silence à son cœur, arrangea du mieux qu'il lui fut possible une broderie sur la table, un air nouveau sur le clavecin, une gazette au coin de la cheminée.

Au bout de quelques secondes, dame Clothilde vint annoncer à à madame la comtesse :

« La personne qui avait écrit avant-hier. »

— Faites entrer, répliqua Jeanne.

Un pas léger, des souliers craquants, un beau personnage vêtu de velours et de soie, portant haut la tête et paraissant grand de dix coudées dans ce petit appartement, voilà ce que vit Jeanne en se levant pour recevoir.

Elle avait été frappée désagréablement de l'*incognito* gardé par la *personne*.

Aussi, se décidant à prendre tout l'avantage de la femme qui a réfléchi :

— A qui ai-je l'honneur de parler? dit-elle avec une révérence, non pas de protégée, mais de protectrice.

Le prince regarda la porte du salon

derrière laquelle la vieille avait disparu.

— Je suis le cardinal de Rohan, répliqua-t-il.

Ce à quoi madame de La Mothe feignant de rougir et de se confondre en humilités, répondit par une révérence comme on en fait aux rois.

— Puis elle avança un fauteuil, et au lieu de se placer sur une chaise ainsi que l'eût voulu l'étiquette, elle se mit dans le grand fauteuil.

Le cardinal, voyant que chacun pouvait prendre ses aises, plaça son chapeau sur la table, et, regardant en face Jeanne qui le regardait aussi :

— Il est donc vrai, mademoiselle, dit-il...

— Madame, interrompit Jeanne.

— Pardon.... J'oubliais.... Il est donc vrai, Madame.

— Mon mari s'appelle le comte de La Mothe, monseigneur.

— Parfaitement, parfaitement, gendarme du roi ou de la reine.

— Oui, monseigneur.

— Et vous, Madame, dit-il, vous êtes née Valois?

— Valois, oui, monseigneur.

— Grand nom! dit le cardinal en croisant les jambes, nom rare, éteint.

Jeanne devina le doute du cardinal.

— Eteint; non pas, monseigneur, dit-elle, puisque je le porte et que j'ai un frère baron de Valois.

— Reconnu?

— Il n'est pas besoin qu'il soit reconnu, monseigneur; mon frère peut être riche ou pauvre, il ne sera pas moins ce qu'il est né, baron de Valois.

—Madame, contez-moi un peu cette transmission, je vous prie. Vous m'intéressez; j'aime le blason.

Jeanne conta simplement, nonchalamment ce que le lecteur sait déjà.

Le cardinal écoutait et regardait.

Il ne prenait pas la peine de dissimuler ses impressions. A quoi bon : il ne croyait ni au mérite ni à la qualité de Jeanne ; il la voyait jolie, pauvre ; il regardait, c'était assez.

Jeanne, qui s'apercevait de tout, devina la mauvaise idée du futur protecteur.

— De sorte, dit M. de Rohan avec insouciance, que vous avez été réellement malheureuse ?

— Je ne me plains pas, monseigneur.

— En effet, on m'avait beaucoup exagéré les difficultés de votre position.

Il regarda autour de lui.

— Ce logement est commode, agréablement meublé.

—Pour une grisette sans doute, répliqua durement Jeanne, impatiente d'engager l'action. Oui, monseigneur.

Le cardinal fit un mouvement.

— Quoi! dit-il, vous appelez ce mobilier un mobilier de grisette?

— Je ne crois pas, monseigneur, dit-elle, que vous puissiez l'appeler un mobilier de princesse.

— Et vous êtes princesse, dit-il avec une de ces imperceptibles ironies que les esprits très distingués ou les gens de grande race ont seuls le secret de mêler à leur langage sans devenir tout à fait impertinents.

— Je suis née Valois, monseigneur, comme vous Rohan. Voilà tout ce que je sais, dit-elle.

Et ces mots furent prononcés avec tant de douce majesté du malheur qui se révolte, majesté de la femme qui se sent méconnue, ils furent si harmonieux et si dignes à la fois, que le prince ne fut pas blessé et que l'homme fut ému.

— Madame, dit-il, j'oubliais que mon premier mot eût dû être une excuse. Je vous avais écrit hier que je viendrais ici, mais j'avais affaire à Versailles, pour la réception de M. de Suffren. J'ai dû renoncer au plaisir de vous visiter.

— Monseigneur me fait encore trop d'honneur d'avoir songé à moi aujourd'hui, et M. le comte de La Mothe, mon mari, regrettera bien plus vivement encore l'exil où le tient la misère, puisque cet exil l'empêche de jouir d'une si illustre présence.

Ce mot mari appela l'attention du cardinal.

—Vous vivez seule, madame? dit-il.

— Absolument seule, monseigneur.

— C'est beau de la part d'une femme jeune et jolie.

—C'est simple, monseigneur, de la part d'une femme qui serait déplacée en toute autre société que celle dont sa pauvreté l'éloigne.

Le cardinal se tut.

— Il paraît, reprit-il, que les généalogistes ne contestent pas votre généalogie?

— A quoi cela me sert-il, dit dédaigneusement Jeanne en relevant par un geste charmant les petits anneaux frisés et poudrés des tempes.

Le cardinal rapprocha son fauteuil, comme pour atteindre au feu avec ses pieds.

— Madame, dit-il, je voudrais savoir et j'ai voulu savoir à quoi je puis vous être utile.

— Mais à rien, monseigneur.

— Comment à rien?

— Votre Eminence me comble d'honneur, certainement.

— Parlons plus franc.

— Je ne saurais être plus franche que je ne le suis, monseigneur.

— Vous vous plaigniez tout à l'heure, dit le cardinal en regardant autour de lui comme pour rappeler à Jeanne ce qu'elle avait dit du mobilier de la grisette.

— Certes oui, je me plaignais.

— Eh! bien, alors, madame...

— Eh bien, monseigneur, je vois que

Votre Eminence veut me faire l'aumône, n'est-ce pas?

— Oh! Madame...

— Pas autre chose. L'aumône, je la recevais, mais je ne la recevrai plus.

— Qu'est-ce à dire?

— Monseigneur, je suis assez humiliée depuis quelque temps; il n'est plus possible pour moi d'y résister.

— Madame, vous abusez des mots. Dans le malheur on n'est pas déshonorée...

— Même avec le nom que je porte,

voyons, mendieriez-vous, vous, monsieur de Rohan?

— Je ne parle pas de moi, dit le cardinal avec un embarras mêlé de hauteur.

— Monseigneur, je ne connais que deux façons de demander l'aumône : en carrosse ou à la porte d'une église ; avec or et velours ou en haillons. Eh bien! tout à l'heure, je n'attendais pas l'honneur de votre visite ; je me croyais oubliée.

— Ah! vous saviez donc que c'était moi qui avais écrit? dit le cardinal.

— N'ai-je pas vu vos armes sur le cachet de la lettre que vous m'avez fait l'honneur de m'écrire.

—Cependant vous avez feint de ne point me reconnaître.

— Parce que vous ne me faisiez pas l'honneur de vous faire annoncer.

— Eh bien! cette fierté me plaît, dit vivement le cardinal, en regardant avec une attention complaisante les yeux animés, la physionomie hautaine de Jeanne.

—Je disais donc, reprit celle-ci, que j'avais pris avant de vous voir, la résolution de laisser là ce misérable manteau qui voile ma misère, qui couvre la nudité de mon nom, et de m'en aller en haillons comme toute mendiante chrétienne, implorer mon pain, non pas de l'orgueil, mais de la charité des passants.

—Vous n'êtes pas à bout de ressources, j'espère, Madame?

Jeanne ne répondit pas.

—Vous avez une terre quelconque, fût-elle hypothéquée; des bijoux de famille? Celui-ci, par exemple.

Il montrait une boîte avec laquelle jouaient les doigts blancs et délicats de la jeune femme.

— Ce ci ? dit-elle.

— Une boîte originale, sur ma parole.

— Permettez-vous !

Il la prit.

— Ah ! un portrait !

Aussitôt il fit un mouvement de surprise.

— Vous connaissez l'original de ce portrait ? demanda Jeanne.

— C'est celui de Marie-Thérèse ?

— De Marie-Thérèse ?

— Oui, l'impératrice d'Autriche.

— En vérité! s'écria Jeanne. Vous croyez, Monseigneur?

Le cardinal se mit de plus belle à regarder la boîte.

—D'où tenez-vous cela? demanda-t-il.

— Mais d'une dame qui est venue avant-hier.

— Chez vous?

— Chez moi.

— D'une dame...

Et le cardinal regarda la boîte avec une nouvelle attention.

— Je me trompe, monseigneur, reprit la comtesse, il y avait deux dames.

— Et l'une de ces deux dames vous a remis la boîte que voici? demanda-t-il avec défiance.

— Elle ne me l'a pas donnée, non.

— Comment est-elle entre vos mains, alors?

— Elle l'a oubliée chez moi.

Le cardinal demeura pensif, tellement pensif, que la comtesse de Valois en fut intriguée, et songea qu'il était à propos qu'elle se tînt sur ses gardes.

Puis le cardinal leva la tête, et regardant attentivement la comtesse :

— Et comment s'appelle cette dame. Vous me pardonnerez, n'est-ce pas, dit-il, de vous adresser cette question ; j'en suis tout honteux moi-même et je me fais l'effet d'un juge.

— En effet, monseigneur, dit madame de La Mothe, la question est étrange.

—Indiscrète, peut-être; mais étrange...

— Etrange, je le répète. Si je connaissais la dame qui a laissé ici cette bonbonnière...

— Eh bien ?

—Eh bien! je la lui eusse déjà renvoyée. Sans doute elle y tient, et je ne voudrais pas payer par une inquiétude de quarante-huit heures sa gracieuse visite.

— Ainsi, vous ne la connaissez pas...

— Non, je sais seulement que c'est la dame supérieure d'une maison de charité.....

— De Paris ?

— De Versailles.

— De Versailles.... la supérieure d'une maison de charité...

— Monseigneur, j'accepte des femmes, les femmes n'humilient pas une femme pauvre en lui portant secours, et cette dame, que des avis charitables avaient éclairée sur ma position, à mis cent louis sur ma cheminée en me faisant visite.

— Cent louis! dit le cardinal avec surprise; puis, voyant qu'il pouvait blesser la susceptibilité de Jeanne.

En effet, Jeanne avait fait un mouvement :

— Pardon, Madame, ajouta-t-il, je ne m'étonne pas qu'on vous ait donné cette somme. Vous méritez au contraire toute la sollicitude des gens charitables, et votre naissance leur fait une loi de vous être utile. C'est seulement le titre de dame de charité qui m'étonne; les dames de charité font d'habitude des aumônes plus légères. Pourriez-vous me faire le portrait de cette dame, comtesse ?

— Difficilement, monseigneur, répliqua Jeanne, pour aiguiser la curiosité de son interlocuteur.

— Comment, difficilement ? puisqu'elle est venue ici.

— Sans doute. Cette dame, qui ne voulait probablement pas être reconnue, cachait son visage dans une calèche assez ample; en outre, elle était enveloppée de fourrures. Cependant...

La comtesse eut l'air de chercher.

— Cependant, répéta le cardinal.

— J'ai cru voir... Je n'affirme pas, monseigneur.

— Qu'avez-vous cru voir?

— Des yeux bleus.

— La bouche?

— Petite, quoique les lèvres un peu épaissse, la lèvre inférieure surtout.

— De haute ou de moyenne taille?

— De moyenne taille.

— Les mains?

— Parfaites.

— Le col?

— Long et mince.

— La physionomie?

— Sévère et noble.

— L'accent?

— Légèrement embarrassé. Mais vous connaissez peut-être cette dame, monseigneur?

— Comment la connaîtrais-je, Madame la comtesse? demanda vivement le prélat.

— Mais à la façon dont vous me questionnez, monseigneur, ou même par la sympathie que tous les ouvriers de bonnes œuvres éprouvent les uns pour les autres.

— Non, Madame, non, je ne la connais pas.

— Cependant, monseigneur, si vous aviez quelque soupçon...

— Mais à quel propos?

— Inspiré par ce portrait, par exemple.

— Ah! répliqua vivement le cardinal, qui craignait d'en avoir trop laissé soupçonner, oui, certes, ce portrait...

— Eh bien! ce portrait, monseigneur?

— Eh bien! ce portrait me fait toujours l'effet d'être...

— Celui de l'impératrice Marie-Thérèse, n'est-ce pas?

— Mais je crois que oui.

— Alors vous pensez...

— Je pense que vous aurez reçu la visite de quelque dame allemande, de celles, par exemple, qui ont fondé une maison de secours...

— A Versailles?

— A Versailles, oui, Madame.

Et le cardinal se tut.

Mais on voyait clairement qu'il doutait encore, et que la présence de cette boîte dans la maison de la comtesse, avait renouvelé toutes ses défiances.

Seulement ce que Jeanne ne distinguait pas complètement, ce qu'elle cherchait vainement d'expliquer, c'était le fond de la pensée du prince, pensée visiblement désavantageuse pour elle et qui n'allait à rien moins qu'à la soupçonner de lui tendre un piège avec des apparences?

En effet, on pouvait avoir su l'intérêt que le cardinal prenait aux affaires de la reine, c'était un bruit de cour qui était loin d'être demeuré même à l'état de demi-secret, et nous avons signalé tout le soin que mettaient certains ennemis à entretenir l'animosité entre la reine et son grand aumônier.

Ce portrait de Marie-Thérèse, cette boîte dont elle se servait habituellement, et que le cardinal lui avait vue cent fois entre les mains, comment cela se trouvait-il entre les mains de Jeanne la mendiante ?

La reine était-elle réellement venue ici elle-même dans ce pauvre logis ?

Si elle était venue, était-elle restée inconnue à Jeanne ? pour un motif quelconque dissimulait-elle l'honneur qu'elle avait reçu ?

Le prélat doutait.

Il doutait déjà la veille. Le nom de Valois lui avait appris à se tenir en garde, et voilà qu'il ne s'agissait plus d'une femme pauvre, mais d'une princesse secourue par une reine apportant ses bienfaits en personne.

Marie-Antoinette était-elle charitable à ce point ?

Tandis que le cardinal doutait ainsi, Jeanne, qui ne le perdait pas de vue, Jeanne, à qui aucun des sentiments du prince n'échappait, Jeanne était au supplice. C'est, en effet, un véritable martyre pour les consciences chargées d'une arrière-pensée, que le doute de ceux que l'on voudrait convaincre avec la vérité pure.

Le silence était embarrassant pour tous deux ; le cardinal le rompit par une nouvelle interruption.

— Et la dame qui accompagnait votre bienfaitrice, l'avez-vous remarquée? Pouvez-vous me dire quel air elle avait?

— Oh! celle-là, je l'ai bien vue, dit la comtesse; elle est grande et belle, elle a le visage résolu, le teint superbe, les formes riches.

— Et l'autre dame ne l'a pas nommée?

— Si fait, une fois, mais par son nom de baptême.

— Et de son nom de baptême elle s'appelle?

— Andrée.

— Andrée! s'écria le cardinal. Et il tressaillit.

Ce mouvement n'échappa pas plus que les autres à la comtesse de La Mothe.

Le cardinal savait maintenant à quoi s'en tenir, le nom d'Andrée lui avait enlevé tous ses doutes.

En effet, la surveille, on savait que la reine était venue à Paris avec mademoiselle de Taverney. Certaine histoire de retard, de porte fermée, de querelle conjugale entre le roi et la reine avait couru dans Versailles.

Le cardinal respira.

Il n'y avait ni piège ni complot rue Saint-Claude. Madame de La Mothe lui parut belle et pure comme l'ange de la candeur.

Pourtant il fallait tenter une dernière épreuve. Le prince était diplomate.

— Comtesse, dit-il, une chose m'étonne par-dessus tout, je l'avouerai.

— Laquelle? monseigneur.

— C'est qu'avec votre nom et vos titres vous ne vous soyez pas adressée au roi.

— Au roi?

— Oui.

— Mais, monseigneur, je lui ai envoyé vingt placets, vingt suppliques, au roi.

— Sans résultat?

— Sans résultat.

— Mais, à défaut du roi, tous les princes de la maison royale eussent accueilli vos réclamations. M. le duc d'Orléans, par exemple, est charitable, et puis il aime à faire souvent ce que ne fait pas le roi.

— J'ai fait solliciter Son Altesse le duc d'Orléans, monseigneur, mais inutilement.

— Inutilement! Cela m'étonne.

— Que voulez-vous, quand on n'est pas riche ou qu'on n'est pas recommandée, on voit chaque placet s'engloutir dans l'antichambre des princes.

— Il y a encore monseigneur le comte d'Artois. Les gens dissipés font parfois de meilleures actions que les gens charitables.

— Il en a été de monseigneur le comte d'Artois comme de Son Altesse le duc d'Orléans, comme de Sa Majesté le roi de France.

— Mais enfin, il y a Mesdames, tantes

du roi. Oh! celles-là, comtesse, ou je me trompe fort, ou elles ont dû vous répondre favorablement.

— Non, monseigneur.

— Oh! je ne puis croire que madame Élisabeth, sœur du roi, ait eu le cœur insensible.

— C'est vrai, monseigneur, Son Altesse Royale, sollicitée par moi, avait promis de me recevoir ; mais je ne sais vraiment comment cela s'est fait, après avoir reçu mon mari, elle n'a plus voulu, quelques instances que j'aie faites auprès d'elle, daigner donner de ses nouvelles.

— C'est étrange, en vérité, dit le cardinal.

Puis soudain et comme si cette pensée se présentait seulement à cette heure en son esprit :

— Mais mon Dieu! s'écria-t-il, nous oublions.

— Quoi?

— Mais la personne à laquelle vous eussiez dû vous adresser d'abord.

— Et à qui eussé-je dû m'adresser?

— A la dispensatrice des faveurs, à celle qui n'a jamais refusé un secours mérité, à la reine.

— A la reine?

— Oui, à la reine, l'avez-vous vue?

— Jamais, répondit Jeanne, avec une parfaite simplicité.

— Comment, vous n'avez pas présenté de supplique à la reine?

— Jamais.

— Vous n'avez pas cherché à obtenir de Sa Majesté une audience?

— J'ai cherché, mais je n'ai point réussi.

— Au moins, avez-vous dû essayer de vous placer sur son passage, pour vous faire remarquer, pour vous faire appeler à la cour. C'était un moyen.

— Je ne l'ai jamais employé.

— En vérité, Madame, vous me dites des choses incroyables.

— Non, en vérité, je n'ai jamais été que deux fois à Versailles et je n'y ai vu que deux personnes, M. le docteur Louis, qui avait soigné mon malheureux père à l'Hôtel-Dieu, et M. le baron de Taverney, à qui j'étais recommandée.

— Que vous a dit M. de Taverney? Il était tout à fait en mesure de vous acheminer vers la reine.

— Il m'a répondu que j'étais bien maladroite.

— Comment cela ?

— De revendiquer comme un titre à la bienveillance du roi une parenté qui devait naturellement contrarier Sa Majesté, puisque jamais parent pauvre ne plaît.

— C'est bien le baron égoïste et brutal, dit le prince.

Puis réfléchissant à cette visite d'Andrée chez la comtesse :

— Chose bizarre, pensa-t-il, le père évince la solliciteuse, et la reine amène la fille chez elle. En vérité, il doit sortir quelque chose de cette contradiction.

— Foi de gentilhomme, reprit-il tout haut, je suis émerveillé d'entendre dire à une solliciteuse, à une femme de la première noblesse, qu'elle n'a jamais vu le roi ni la reine.

— Si ce n'est en peinture, dit Jeanne en souriant.

— Eh bien! s'écria le cardinal, convaincu cette fois de l'ignorance et de la sincérité de la comtesse, je vous mènerai, s'il le faut, moi-même à Versailles, et je vous en ferai ouvrir les portes.

— Oh! monseigneur, que de bontés, s'écria la comtesse au comble de la joie.

Le cardinal se rapprocha d'elle.

— Mais il est impossible, dit-il, qu'avant peu de temps tout le monde ne s'intéresse pas à vous.

— Hélas! monseigneur, dit Jeanne avec un adorable soupir, le croyez-vous sincèrement?

— Oh! j'en suis sûr.

— Je crois que vous me flattez, monseigneur.

Et elle le regarda fixement.

En effet ce changement subit avait droit de surprendre la comtesse, elle que le cardinal, dix minutes auparavant, traitait avec une légèreté toute princière.

Le regard de Jeanne, décoché comme par la flèche d'un archer, frappa le cardinal soit dans son cœur, soit dans sa sensualité. Il renfermait ou le feu de l'ambition ou le feu du désir; mais c'était du feu.

M. de Rohan, qui se connaissait en femmes, dut s'avouer en lui-même qu'il en avait vu peu d'aussi séduisantes.

— Ah! par ma foi, se dit-il avec cette

arrière-pensée éternelle des gens de cour élevés pour la diplomatie, ah! par ma foi, il serait trop extraordinaire ou trop heureux que je rencontrasse à la fois et une honnête femme qui a les dehors d'une rusée, et dans la misère une protectrice toute-puissante.

— Monseigneur, interrompit la sirène, vous gardez parfois un silence qui m'inquiète; pardonnez-moi de vous le dire.

— En quoi, comtesse? demanda le cardinal.

— En ceci, monseigneur, un homme comme vous ne manque jamais de politesse qu'avec deux sortes de femmes.

— Oh! mon Dieu, qu'allez-vous me dire, comtesse, sur ma parole, vous m'effrayez.

Il lui prit la main.

— Oui, répondit la comtesse, avec deux sortes de femmes, je l'ai dit et je le répète.

— Lesquelles, voyons?

— Des femmes qu'on aime trop, ou des femmes qu'on n'estime pas assez.

— Comtesse, comtesse, vous me faites rougir. J'aurais moi-même manqué de politesse envers vous?

— Dam!

— Ne dites point cela, ce serait affreux!

— En effet, monseigneur, car vous ne pouvez m'aimer trop, et je ne vous ai point, jusqu'à présent du moins, donné le droit de m'estimer trop peu.

Le cardinal prit la main de Jeanne.

— Oh! comtesse, en vérité, vous me parlez comme si vous étiez fâchée contre moi.

— Non, Monseigneur, car vous n'avez pas encore mérité ma colère.

— Et je ne la mériterai jamais, Madame, à partir de ce jour où j'ai eu le plaisir de vous voir et de vous connaître.

— Oh! mon miroir, mon miroir! pensa Jeanne.

— Et à partir de ce jour, continua le cardinal, ma sollicitude ne vous quittera plus.

— Oh! tenez, Monseigneur, dit la comtesse qui n'avait pas retiré sa main des mains du cardinal, assez comme cela.

— Que voulez-vous dire?

— Ne me parlez pas de votre protection.

— A Dieu ne plaise que je prononce ce mot protection. Oh! Madame, ce n'est pas vous qu'il humilierait, c'est moi.

— Alors, monsieur le cardinal, admettons une chose qui va me flatter infiniment.

— Si cela est, Madame, admettons cette chose.

— Admettons, Monseigneur, que vous avez rendu une visite de politesse à madame de La Mothe-Valois. Rien de plus.

— Mais rien de moins alors, répondit le galant cardinal.

Et portant les doigts de Jeanne à ses lèvres, il y imprima un assez long baiser.

La comtesse retira sa main.

— Oh! politesse, dit le cardinal avec un goût et un sérieux exquis.

Jeanne rendit sa main, sur laquelle cette fois le prélat appuya un baiser tout respectueux.

— Ah! fort bien ainsi, Monseigneur.

Le cardinal s'inclina.

— Savoir, continua la comtesse, que

je posséderai une part, si faible qu'elle soit, dans l'esprit si éminent et si occupé d'un homme tel que vous; voilà, je vous jure, de quoi me consoler un an.

— Un an! c'est bien court... Espérons plus, comtesse.

— Eh bien! je ne dis pas non, monsieur le cardinal, répondit-elle en souriant.

Monsieur le cardinal tout court était une familiarité dont, pour la seconde fois, se rendait coupable madame de La Mothe. Le prélat, irritable dans son orgueil, aurait pu s'en étonner; mais les choses en étaient à ce point, que non seulement il ne s'en étonna pas, mais encore qu'il en fut satisfait comme d'une faveur.

— Ah! de la confiance, s'écria-t-il en se rapprochant encore. Tant mieux, tant mieux.

— J'ai confiance, oui, Monseigneur, parce que je sens dans votre éminence...

— Vous disiez Monsieur tout à l'heure, comtesse.

—Il faut me pardonner, Monseigneur; je ne connais pas la cour. Je dis donc que j'ai confiance, parce que vous êtes capable de comprendre un esprit comme le mien, aventureux, brave, et un cœur tout pur. Malgré les épreuves de la pauvreté, malgré les combats que m'ont livrés de vils ennemis, votre éminence saura prendre en moi, c'est-à-dire en ma conversation, ce qu'il y a de digne d'elle. Votre éminence saura me témoigner de l'indulgence pour le reste.

— Nous voilà donc amis, Madame. C'est signé, juré ?

— Je le veux bien.

Le cardinal se leva et s'avança vers madame de La Mothe; mais comme il avait les bras un peu trop ouverts pour un simple serment... légère et souple, la comtesse évita le cercle.

— Amitié à trois! dit-elle avec un inimitable accent de raillerie et d'innocence.

— Comment, amitié à trois? demanda le cardinal.

— Sans doute; est-ce qu'il n'y a pas, de par le monde, un pauvre gendarme, un exilé qu'on appelle le comte de La Mothe?

— Oh! comtesse, quelle déplorable mémoire vous possédez?

— Mais il faut bien que je vous parle

de lui, puisque vous ne m'en parlez pas, vous.

— Savez-vous pourquoi je ne vous parle pas de lui, comtesse?

— Dites un peu.

— C'est qu'il parlera toujours bien assez lui-même, les maris ne s'oublient jamais, croyez-moi bien.

— Et s'il parle de lui?

— Alors on parlera de vous, alors on parlera de nous.

— Comment cela?

— On dira par exemple que M. le

comte de La Mothe a trouvé bon, ou trouvé mauvais, que M. le cardinal de Rohan vînt trois, quatre ou cinq fois la semaine visiter madame de La Mothe rue Saint-Claude.

— Ah! mais vous m'en direz tant, monsieur le cardinal trois, quatre ou cinq fois la semaine?

— Où serait l'amitié alors, comtesse? J'ai dit cinq fois ; je me trompais. C'est six ou sept qu'il faut dire, sans compter les jours bissextiles.

Jeanne se mit à rire.

Le cardinal remarqua qu'elle faisait

pour la première fois honneur à ses plaisanteries, et il en fut encore flatté.

— Empêcherez-vous qu'on ne parle, dit-elle? vous savez bien que c'est chose impossible.

— Oui, répliqua-t-il.

— Et comment?

— Oh! une chose toute simple; à tort ou à raison le peuple de Paris me connaît.

— Oh! certes, et à raison, Monseigneur.

— Mais vous, il a le malheur de ne pas vous connaître.

— Eh bien !

— Déplaçons la question.

— Déplacez-la ; c'est-à-dire...

— Comme vous voudrez... Si par exemple...

— Achevez.

— Si vous sortiez au lieu de me faire sortir ?

— Que j'aille dans votre hôtel, moi, Monseigneur.

— Vous iriez bien chez un ministre.

— Un ministre n'est pas un homme, Monseigneur.

— Vous êtes adorable. Eh bien! il ne s'agit pas de mon hôtel, j'ai une maison.

— Une petite maison, tranchons le mot.

— Non pas, une maison à vous.

— Ah! fit la comtesse, une maison à moi! Et où cela? Je ne me connaissais pas cette maison.

Le cardinal qui s'était rassis se leva.

— Demain à dix heures du matin vous en recevrez l'adresse.

La comtesse rougit, le cardinal lui prit galamment la main.

.Et cette fois le baiser fut respectueux, tendre et hardi tout ensemble.

Tous deux se saluèrent alors avec ce reste de cérémonie souriante qui indique une prochaine intimité.

— Éclairez à monseigneur, cria la comtesse.

La vieille parut et éclaira.

Le prélat sortit.

— Eh! mais, pensa Jeanne, voilà un grand pas fait dans le monde, ce me semble.

— Allons, allons, pensa le cardinal,

en montant dans son carrosse, j'ai fait une double affaire. Cette femme a trop d'esprit pour ne pas prendre la reine comme elle m'a pris.

VI

Mesmer et Saint-Martin.

Il fut un temps où Paris, libre d'affaires, Paris plein de loisirs, se passionnait tout entier pour des questions qui, de nos jours, sont le monopole des riches, qu'on appelle les inutiles, et des savants, qu'on appelle les paresseux.

En 1784, c'est-à-dire à l'époque où

nous sommes arrivés, la question à la mode, celle qui surnageait au-dessus de toutes, qui flottait dans l'air, qui s'arrêtait à toutes les têtes un peu élevées, comme font les vapeurs aux montagnes, c'était le mesmérisme, science mystérieuse, mal définie par ses inventeurs, qui, n'éprouvant pas le besoin de démocratiser une découverte dès sa naissance, avaient laissé prendre à celle-là un nom d'homme, c'est-à-dire, un titre aristocratique au lieu d'un de ces noms de science tirés du grec, à l'aide desquels la pudibonde modestie des savants modernes vulgarise aujourd'hui tout élément scientifique.

En effet, à quoi bon, en 1784, démocratiser une science? Le peuple qui, depuis plus d'un siècle et demi, n'avait pas été consulté par ceux qui le gouvernaient, comptait-il pour quelque chose dans l'État? non : le peuple, c'était la terre féconde qui rapportait, c'était la riche moisson que l'on fauchait; mais le maître de la terre c'était le roi; mais les moissonneurs c'était la noblesse.

Aujourd'hui tout est changé : la France ressemble à un sablier séculaire; pendant neuf cents ans, elle a marqué l'heure de la royauté; la droite puissante du Seigneur l'a retourné; pendant des siècles, il va marquer l'ère du peuple.

En 1784, c'était donc une recommandation qu'un nom d'homme. Aujourd'hui, au contraire, le succès serait un nom de choses.

Mais abandonnons *aujourd'hui* pour jeter les yeux sur *hier*. Au compte de l'éternité, qu'est-ce que cette distance d'un demi siècle? pas même celle qui existe entre la veille et le lendemain.

Le docteur Mesmer était à Paris, comme Marie-Antoinette nous l'a appris elle-même en demandant au roi la permission de lui faire une visite. Qu'on nous permette donc de dire quelques mots du docteur Mesmer, dont le nom, retenu aujourd'hui d'un petit nombre d'adeptes, était, à cette époque que nous essayons de peindre, dans toutes les bouches.

Le docteur Mesmer avait, vers 1777, apporté d'Allemagne, ce pays des rêves brumeux, une science toute gonflée de nuages et d'éclairs. A la lueur de ces éclairs, le savant ne voyait que les nuages qui faisaient, au-dessus de sa tête, une voûte sombre; le vulgaire ne voyait que des éclairs.

Mesmer avait débuté en Allemagne par une thèse sur l'influence des planètes. Il avait essayé d'établir que les corps célestes, en vertu de cette force qui produit leurs attractions mutuelles, exercent une influence sur les corps animés, et particulièrement sur le système nerveux, par l'intermédiaire d'un fluide subtil qui remplit tout l'univers. Mais cette première théorie était bien abstraite. Il fallait, pour la comprendre, être initié à la science des Galilée et des Newton. C'était un mélange de grandes vérités astronomiques, avec les rêveries astrologiques qui ne pouvait, nous ne disons pas se populariser, mais s'aristocratiser; car il eût fallu pour cela que le corps de la noblesse fût converti en société savante. Mesmer abandonna donc ce premier système pour se jeter dans celui des aimants.

Les aimants, à cette époque, étaient fort étudiés; leurs facultés sympathiques ou antipathiques faisaient vivre les minéraux d'une vie à peu près pareille à la vie humaine, en leur prêtant les deux grandes passions de la vie humaine, l'amour et la haine. En conséquence, on attribuait aux aimants des vertus surprenantes pour la guérison des maladies. Mesmer joignit donc l'action des aimants à son premier système et essaya de voir ce qu'il pourrait tirer de cette adjonction.

Malheureusement pour Mesmer, il trouva, en arrivant à Vienne, un rival établi. Ce rival, qui se nommait Hall, prétendit que Mesmer lui avait dérobé ses procédés. Ce que voyant, Mesmer, en homme d'imagination qu'il était, déclara qu'il abandonnerait les aimants comme inutiles, et qu'il ne guérirait plus par le magnétisme minéral, mais par le magnétisme animal.

Ce mot, prononcé comme un mot nouveau, ne désignait pas cependant une découverte nouvelle; le magnétisme, connu des anciens, employé dans les initiations égyptiennes et dans le pythisme grec, s'était conservé dans le moyen-âge, à l'état de tradition ; quelques lambeaux de cette science recueillis, avaient fait les sorciers des treizième, quatorzième et quinzième siècles, beaucoup furent brûlés, qui confessèrent, au milieu des flammes, la religion étrange dont ils étaient les martyrs.

Urbain Grandier n'était autre chose qu'un magnétiseur.

Mesmer avait entendu parler des miracles de cette science.

Joseph Balsamo, le héros d'un de nos livres, avait laissé trace de son passage en Allemagne, et surtout à Strasbourg. Mesmer se mit en quête de cette science éparse et voltigeante comme ces feux follets qui courent la nuit au-dessus des étangs; il en fit une théorie complète, un système uniforme auquel il donna le nom de mesmérisme.

Mesmer, arrivé à ce point, communiqua son système à l'Académie des Sciences à Paris, à la société royale de Londres et à l'Académie de Berlin; les deux premières ne lui répondirent même pas, la troisième dit qu'il était un fou.

Mesmer se rappela ce philosophe grec qui niait le mouvement, et que son antagoniste confondit en marchant. Il vint en France, prit aux mains du docteur Storck et de l'oculiste Wenzel, une jeune fille de dix-sept ans, atteinte d'une maladie de foie et d'une goutte sereine, et après trois mois de traitement, la malade était guérie, l'aveugle voyait clair.

Cette cure avait convaincu nombre de gens, et, entr'autres, un médecin nommé Deslon : d'ennemi, il devint apôtre.

A partir de ce moment, la réputation de Mesmer avait été grandissant; l'Académie s'était déclarée contre le novateur, la cour se déclara pour lui ; des négociations furent ouvertes par le ministère pour engager Mesmer à enrichir l'humanité par la publication de sa doctrine. Le docteur fit son prix. On marchanda, M. de Breteuil lui offrit, au nom du roi, une rente viagère de 20,000 livres, et un traitement de 10,000 pour former trois personnes, indiquées par le gouvernement, à la pratique de ses procédés. Mais, Mesmer, indigné de la parcimonie royale, refusa, et partit pour les eaux de Spa, avec quelques-uns de ses malades.

Une catastrophe inattendue menaçait

Mesmer. Deslon, son élève; Deslon, possesseur du fameux secret que Mesmer avait refusé de vendre pour 50,000 livres par an ; Deslon ouvrit, chez lui, un traitement public par la méthode mesmérienne.

Mesmer apprit cette douloureuse nouvelle ; il cria au vol, à la trahison, à la fraude ; il pensa devenir fou. Alors, un de ses malades, M. de Bergasse, eut l'heureuse idée de mettre la science de l'illustre professeur en commandite; il fut formé un comité de cent personnes, au capital de 540,000 livres, à la condition qu'il révélerait la doctrine aux actionnaires. Mesmer s'engagea, à cette révélation, toucha le capital et revint à Paris.

L'heure était propice. Il y a des instants dans l'âge des peuples, ceux qui touchent aux époques de transformation, où la nation tout entière s'arrête comme devant un obstacle inconnu, hésite et sent l'abîme au bord duquel elle est arrivée, et qu'elle devine sans le voir.

La France était dans un de ces moments-là, elle présentait l'aspect d'une société calme, dont l'esprit était agité ; on était en quelque sorte engourdi dans un bonheur factice, dont on entrevoyait la fin, comme, en arrivant à la lisière d'une forêt, on devine la plaine par les interstices des arbres. Ce calme, qui n'avait rien de constant, rien de réel, fatiguait; on cherchait partout des émotions; et les nouveautés, quelles qu'elles fussent, étaient les bien reçues. On était devenu trop frivole pour s'occuper, comme autrefois, des graves questions du gouvernement et du molinisme. Mais on se querellait à propos de musique, on prenait parti pour Gluck ou pour Piccini, on se passionnait pour l'*Encyclopédie,* on s'enflammait pour les mémoires de Beaumarchais.

L'apparition d'un opéra nouveau préoccupait plus les imaginations que le traité de paix avec l'Angleterre et la reconnaissance de la république des États-Unis. C'était enfin une de ces périodes où les esprits, amenés par les philosophes vers le vrai, c'est-à-dire vers le désenchantement, se lassent de cette limpidité du possible qui laisse voir le fond de toute chose, et par un pas en avant, essaie de franchir les bornes du monde réel pour entrer dans le monde des rêves et des fictions.

En effet, s'il est prouvé que les vérités bien claires, bien lucides, sont les seules qui se popularisent promptement, il n'en est pas moins prouvé que les mystères sont une attraction toute-puissante pour les peuples.

Le peuple de France était donc entraîné, attiré d'une façon irrésistible par ce mystère étrange du fluide mesmérien, qui, selon les adeptes, rendait la santé aux malades, donnait l'esprit aux fous et la folie aux sages.

Partout on s'inquiétait de Mesmer. Qu'avait-il fait? sur qui avait-il opéré ses divins miracles? A quel grand seigneur avait-il rendu la vue ou la force? à quelle dame fatiguée de la veille et du jeu avait-il assoupli les nerfs? à quelle jeune fille avait-il fait prévoir l'avenir dans une crise magnétique?

L'avenir! ce grand mot de tous les temps, ce grand intérêt de tous les esprits, solution de tous les problèmes. En effet, qu'était le présent?

Une royauté sans rayons, une noblesse sans autorité, un pays sans commerce, un peuple sans droits, une société sans confiance.

Depuis la famille royale, inquiète et isolée sur son trône, jusqu'à la famille plébéienne affamée dans son taudis, — misère, honte et peur partout.

Oublier les autres pour ne songer qu'à soi, puiser à des sources nouvelles, étranges, inconnues, l'assurance d'une vie plus longue et d'une santé inaltérable pendant ce prolongement d'existence, arracher quelque chose au ciel avare, n'était-ce pas là l'objet d'une aspiration facile à comprendre vers cet inconnu dont Mesmer dévoilait un replis?

Voltaire était mort, et il n'y avait plus en France un seul éclat de rire, excepté le rire de Beaumarchais, plus amer encore que celui du maître. Rousseau était mort : il n'y avait plus en France de philosophie religieuse. Rousseau voulait bien soutenir Dieu; mais depuis que Rousseau n'était plus, personne n'osait s'y risquer, de peur d'être écrasé sous le poids.

La guerre avait été autrefois une grave occupation pour les Français. Les rois entretenaient à leur compte l'héroïsme national; maintenant, la seule guerre française était une guerre américaine, et encore le roi n'y était-il personnellement pour rien. En effet, ne se battait-on pas pour cette chose inconnue que les Américains appellent indépendance, mot que les Français traduisent par une abstraction : la liberté.

Encore, cette guerre lointaine, cette guerre, non-seulement d'un autre peuple, mais encore d'un autre monde, venait de finir.

Tout bien considéré, ne valait-il pas mieux s'occuper de Mesmer, ce médecin allemand qui, pour la deuxième fois depuis six ans, passionnait la France, que de lord Cornwalis ou de M. Washington, qui étaient si loin, qu'il était probable qu'on ne les verrait jamais ni l'un ni l'autre ?

Tandis que Mesmer était là, on pouvait le voir, le toucher, et, ce qui était l'ambition suprême des trois quarts de Paris, être touché par lui.

Ainsi, cet homme qui, à son arrivée à Paris, n'avait été soutenu par personne, pas même par la reine, sa compatriote qui cependant soutenait si volontiers les gens de son pays; cet homme qui, sans le docteur Deslon, qui l'avait trahi depuis, fût demeuré dans l'obscurité, cet homme régnait véritablement sur l'opinion publique, laissant bien loin derrière lui le roi, dont on n'avait jamais parlé, M. de Lafayette, dont on ne parlait pas encore, et M. de Necker, dont on ne parlait plus.

Et, comme si ce siècle avait pris à tâche de donner à chaque esprit selon son aptitude, à chaque cœur selon sa sympathie, à chaque corps selon ses besoins, en face de Mesmer, l'homme du matérialisme, s'élevait Saint-Martin, l'homme du spiritualisme, dont la doctrine venait consoler toutes les âmes que blessait le positivisme du docteur allemand.

Qu'on se figure l'athée avec une religion plus douce que la religion elle-même ; qu'on se figure un républicain plein de politesses et de regards pour les rois ; un gentilhomme des classes privilégiées, affectueux, tendre, amoureux du peuple ; qu'on se représente la triple attaque de cet homme, doué de l'éloquence la plus logique, la plus séduisante contre les cultes de la terre, qu'il appelle insensés, par la seule raison qu'ils sont divins !

Qu'on se figure enfin Épicure poudré à blanc, en habit brodé, en veste à paillettes, en culotte de satin, en bas de soie et en talon rouge. Épicure ne se contentant pas de renverser les dieux auxquels il ne croit pas, mais ébranlant les gouvernements qu'il traite comme les cultes, parce que jamais ils ne concordent, et presque toujours ne font qu'aboutir au malheur de l'humanité.

Agissant contre la loi sociale qu'il infirme avec ce seul mot : elle punit semblablement des fautes dissemblables, elle punit l'effet sans apprécier la cause.

Supposez, maintenant, que ce tentateur qui s'intitule le philosophe inconnu, réunit pour fixer les hommes dans un cercle d'idées différentes, tout ce que l'imagination peut ajouter de charmes aux promesses d'un paradis moral, et qu'au lieu de dire les hommes sont égaux, ce qui est une absurdité, il invente cette formule qui semble échappée à la bouche même qui la nie :

Les êtres intelligents sont tous rois !

Et puis rendez-vous compte d'une pareille morale tombant tout-à-coup au milieu d'une société sans espérances, sans guides; d'une société, archipel semé d'idées, c'est-à-dire d'écueils. Rappelez-vous qu'à cette époque, les femmes sont tendres et folles, les hommes avides de pouvoir, d'honneurs et de plaisirs ; enfin, que les rois laissent pencher la couronne sur laquelle, pour la première fois, debout et perdu dans l'ombre, s'attache un regard à la fois curieux et menaçant, trouvera-t-on étonnant qu'elle fît des prosélytes, cette doctrine qui disait aux âmes :

— Choisissez parmi vous l'âme supérieure, mais supérieure par l'amour, par la charité, par la volonté puissante de bien aimer, de bien rendre heureux ; puis, quand cette âme, faite homme, se sera révélée, courbez-vous, humiliez-vous, anéantissez-vous, toutes âmes inférieures, afin de laisser l'espace à la dictature de cette âme, qui a pour mission de vous réhabiliter dans votre principe essentiel, c'est-à-dire dans l'égalité des souffrances, au sein de l'inégalité forcée des aptitudes et des fonctionnements.

Ajoutez à cela que le philosophe inconnu s'entourait de mystères; qu'il adoptait l'ombre profonde pour discuter en paix, loin des espions et des parasites, la grande théorie sociale qui pouvait devenir la politique du monde.

— Écoutez-moi, disait-il, âmes fidèles, cœurs croyants, écoutez-moi et tâchez de me comprendre, ou plutôt ne m'écoutez que si vous avez intérêt et curiosité à me comprendre, car vous y aurez de la peine, et je ne livrerai pas mes secrets à quiconque n'arrachera point le voile.

Je dis des choses que je ne veux point paraître dire, voilà pourquoi je paraîtrai souvent dire autre chose que ce que je dis.

Et Saint-Martin avait raison, et il avait bien réellement autour de son œuvre les défenseurs silencieux, sombres et jaloux de ses idées, mystérieux cénacles, dont nul ne perçait l'obscure et religieuse mysticité.

Ainsi travaillaient à la glorification de l'âme et de la matière, tout en rêvant l'anéantissement de Dieu et l'anéantissement de la religion du Christ, ces deux hommes qui avaient divisé en deux camps et en deux besoins, tous les esprits intelligents, toutes les natures choisies de France.

Ainsi se groupaient autour du baquet de Mesmer d'où jaillissait le bien-être, toute la vie de sensualité, tout le matérialisme élégant de cette nation dégénérée. Tandis qu'autour du livre des erreurs et de la vérité se réunissaient les âmes pieuses, charitables, aimantes, altérées de la réalisation après avoir savouré des chimères.

Que si au-dessous de ces sphères privilégiées, les idées divergeaient ou se troublaient; que si les bruits s'en échappant se transformaient en tonnerres, comme les lueurs s'étaient transformées en éclairs, on comprendra l'état d'ébauche dans lequel demeurait la société subalterne, c'est-à-dire la bourgeoisie et le peuple, ce que plus tard on appela le tiers; lequel devinait seulement que l'on s'occupait de lui, et qui dans son impatience et sa résignation, brûlait du désir de voler le feu sacré, comme Prométhée, d'en animer un monde qui serait le sien et dans lequel il ferait ses affaires lui-même.

Les conspirations à l'état de conversation, les associations à l'état de cercles,

les partis sociaux à l'état de quadrilles, c'est-à-dire la guerre civile et l'anarchie, voilà ce qui apparaissait sous tout cela au penseur, lequel ne voyait pas encore la seconde vie de cette société.

Hélas! aujourd'hui que les voiles ont été déchirés, aujourd'hui que les peuples Prométhées ont dix fois été renversés par le feu qu'ils ont dérobé eux-mêmes, dites-nous ce que pouvait voir le penseur dans la fin de cet étrange XVIII° siècle, sinon la décomposition d'un monde, sinon quelque chose de pareil à ce qui se passait après la mort de César et avant l'avènement d'Auguste.

Auguste fut l'homme qui sépara le monde païen du monde chrétien, comme Napoléon est l'homme qui sépara le monde féodal du monde démocratique.

Peut-être venons-nous de jeter et de conduire nos lecteurs après nous dans une digression qui a dû leur paraître un peu longue ; mais en vérité il eût été difficile de toucher à cette époque sans effleurer de la plume ces graves questions qui en sont la chair et la vie.

Maintenant l'effort est fait : effort d'un enfant qui gratterait avec son ongle la rouille d'une statue antique pour lire sous cette rouille une inscription aux trois quarts effacée.

Rentrons dans l'apparence. En continuant de nous occuper de la réalité, nous en dirions trop pour le romancier, trop peu pour l'historien.

VII

Le Baquet.

La peinture que nous avons essayé de tracer dans le précédent chapitre, et du temps dans lequel on vivait, et des hommes dont on s'occupait en ce moment, peut légitimer aux yeux de nos lecteurs cet empressement inexprimable des Parisiens pour le spectacle des cures opérées publiquement par Mesmer.

Aussi le roi Louis XVI, qui avait sinon la curiosité, du moins l'appréciation des nouveautés qui faisaient bruit dans sa bonne ville de Paris, avait-il permis à la reine, à la condition, on se le rappelle, que l'auguste visiteuse serait accompagnée d'une princesse, le roi avait-il permis à la reine d'aller voir une fois à son tour ce que tout le monde avait vu.

C'était à deux jours de cette visite que M. le cardinal de Rohan avait rendue à madame de La Mothe.

Le temps était adouci; le dégel était

arrivé. Une armée de balayeurs, heureux et fiers d'en finir avec l'hiver, repoussait aux égoûts, avec l'ardeur de soldats qui ouvrent une tranchée, les dernières neiges, toutes souillées et fondant en ruisseaux noirs.

Le ciel, bleu et limpide, s'illuminait des premières étoiles, quand madame de La Mothe, vêtue en femme élégante, offrant toutes les apparences de la richesse, arriva dans un fiacre que dame Clotilde avait choisi le plus neuf possible, et s'arrêta sur la place Vendôme, en face d'une maison d'aspect grandiose et dont les hautes fenêtres étaient splendidement éclairées sur toute la façade.

Cette maison était celle du docteur Mesmer.

Outre le fiacre de madame de La Mothe, bon nombre d'équipages ou chaises stationnaient devant cette maison ; enfin, outre ces équipages et ces chaises, deux ou trois cents curieux piétinaient dans la boue, et attendaient la sortie des malades guéris ou l'entrée des malades à guérir.

Ceux-ci, presque tous riches et titrés, arrivaient dans leurs voitures armoriées, se faisaient descendre et porter par leurs laquais, et ces colis de nouvelle espèce, renfermés dans des pelisses de fourrures ou dans des mantes de satin, n'étaient pas une mince consolation pour ces malheureux affamés et demi-nus, qui guettaient à la porte cette preuve évidente que Dieu fait les hommes sains ou malsains sans consulter leur arbre généalogique.

Quand un de ces malades au teint pâle, aux membres languissants avait disparu sous la grande porte, un murmure se faisait dans les assistants, et il était bien rare que cette foule curieuse et inintelligente, qui voyait se presser à la porte des bals et sous les portiques des théâtres toute cette aristocratie avide de plaisirs, ce qui était son plaisir à elle, ne reconnût pas, — soit tel duc paralysé d'un bras ou d'une jambe, — soit tel maréchal-de-camp dont les pieds refusaient le service, moins à cause des fatigues de la marche militaire que de l'engourdissement des haltes faites chez les dames de l'Opéra ou de la Comédie italienne.

Il va sans dire que les investigations de la foule ne s'arrêtaient pas aux hommes seulement.

Cette femme aussi, qu'on avait vue passer dans les bras de ses heyduques, la tête pendante, l'œil atone, comme les dames romaines que portaient leurs

Thessaliens après le repas, cette dame, sujette aux douleurs nerveuses; ou débilitée par des excès et des veilles, et qui n'avait pu être guérie ou ressuscitée par ces comédiens à la mode ou ces anges vigoureux dont madame Dugazon pouvait faire de si merveilleux récits, venait demander au baquet de Mesmer ce qu'elle avait vainement cherché ailleurs.

Et qu'on ne croie pas que nous exagérions ici à plaisir l'avilissement des mœurs. Il faut bien l'avouer, à cette époque il y avait assaut entre les dames de la cour et les demoiselles du théâtre. Celles-ci prenaient aux femmes du monde leurs amants et leurs maris, celles-là volaient aux demoiselles de théâtres leurs camarades et leurs cousins à la mode de Bretagne.

Quelques-unes de ces dames étaient tout aussi connues que les hommes, et leurs noms circulaient dans la foule d'une façon tout aussi bruyante, mais beaucoup, et sans doute ce n'étaient point celles dont le nom eût produit le moindre esclandre, beaucoup échappaient ce soir-là du moins au bruit et à la publicité en venant chez Mesmer le visage couvert d'un masque de satin.

C'est que ce jour là, qui marquait la

moitié du carême, il y avait bal masqué à l'Opéra, et que ces dames ne comptaient quitter la place Vendôme que pour passer immédiatement au Palais-Royal.

C'est au milieu de cette foule répandue en plaintes, en ironie, en admiration et surtout en murmures, que madame la comtesse de La Mothe passa droite et ferme, un masque sur la figure, et ne laissant d'autres traces de son passage que cette phrase répétée sur son chemin.

— Ah! celle-ci ne doit pas être bien malade.

Mais qu'on ne s'y trompe pas, cette phrase n'impliquait point absence de commentaires.

Car si madame de La Mothe n'était point malade, que venait-elle faire chez Mesmer?

Si la foule eût, comme nous, été au courant des évènements que nous venons de raconter, elle eût trouvé que rien n'était plus simple que cette vérité.

En effet, madame de La Mothe avait beaucoup réfléchi à son entretien avec M. le cardinal de Rohan, et surtout à l'attention toute particulière dont le cardinal avait honoré cette boîte au portrait, oubliée ou plutôt perdue chez elle.

Et comme dans le nom de la propriétaire de cette boîte à portrait gisait toute la révélation de la soudaine gracieuseté du cardinal, madame de La Mothe avait avisé à deux moyens de savoir ce nom.

D'abord elle avait eu recours au plus simple.

Elle était allée à Versailles pour s'informer du bureau de charité des dames allemandes.

Là, comme on le pense bien, elle

n'avait recueilli aucun renseignement.

Les dames allemandes qui habitaient Versailles étaient en grand nombre, à cause de la sympathie ouverte que la reine éprouvait pour ses compatriotes : on en comptait cent cinquante ou deux cents.

Seulement toutes étaient fort charitables, mais aucune n'avait eu l'idée de mettre une enseigne sur le bureau de charité.

Jeanne avait donc inutilement demandé des renseignements sur les deux dames qui étaient venues la visiter ; elle avait dit inutilement que l'une d'elles s'appelait Andrée. On ne connaissait dans Versailles aucune dame allemande, portant ce nom, du reste assez peu allemand.

Les recherches n'avaient donc, de ce côté, amené aucun résultat.

Demander directement à **M.** de Rohan le nom qu'il soupçonnait, c'était d'abord lui laisser voir qu'on avait des idées sur lui ; c'était ensuite se retirer le plaisir et le mérite d'une découverte faite malgré tout le monde et en dehors de toutes les possibilités.

Or, puisqu'il y avait eu mystère dans

la démarche de ces dames chez Jeanne, mystère dans les étonnements et les réticences de M. de Rohan, c'était avec mystère qu'il fallait arriver à savoir le mot de tant d'énigmes.

Il y avait d'ailleurs un attrait puissant dans le caractère de Jeanne pour cette lutte avec l'inconnu.

Elle avait entendu dire qu'à Paris, depuis quelque temps, un homme, un illuminé, un faiseur de miracles, avait trouvé le moyen d'expulser du corps humain les maladies et les douleurs comme autrefois le Christ chassait les démons du corps des possédés.

Elle savait que non-seulement cet homme guérissait les maux physiques, mais qu'il arrachait de l'âme le secret douloureux qui la minait. On avait vu sous sa conjuration toute-puissante la volonté tenace de ses clients s'amollir et se transformer en une docilité d'esclave.

Ainsi, dans le sommeil qui succédait aux douleurs après que le savant médecin avait calmé l'organisation la plus irritée en la plongeant dans un oubli complet, l'âme charmée du repos qu'elle devait à l'enchanteur, se mettait à l'entière disposition de ce nouveau maître.

Il en dirigeait dès-lors toutes les opérations ; il en dirigeait dès-lors tous les fils ; aussi chaque pensée de cette âme reconnaissante lui apparaissait transmise par un langage qui avait sur le langage humain l'avantage ou le désavantage de ne jamais mentir.

Bien plus, sortant du corps qui lui servait de prison au premier ordre de celui qui momentanément la dominait, cette âme courait le monde, se mêlait aux autres âmes, les sondait sans relâche, les fouillait impitoyablement, et faisait si bien que, comme le chien de chasse qui fait sortir le gibier du buisson dans lequel il se cache, s'y croyant en sûreté, elle finissait par faire sortir ce secret du cœur où il était enseveli, le poursuivait, le joignait, et finissait par le rapporter aux pieds du maître. Image assez fidèle du faucon ou de l'épervier bien dressé, qui va chercher sous les nuages, pour le compte du fauconnier son maître, le héron, la perdrix ou l'alouette désignée à sa féroce servilité.

De là, révélation d'une quantité de secrets merveilleux.

Madame de Duras avait retrouvé de la sorte un enfant volé en nourrice ; madame de Chantoné un chien anglais, gros comme le poing, pour lequel elle eût donné tous les enfants de la terre; et M. de Vaudreuil une boucle de cheveux pour laquelle il eût donné la moitié de sa fortune.

Ces aveux avaient été faits par des *voyants* ou des *voyantes*, à la suite des opérations magnétiques du docteur Mesmer.

Aussi pouvait-on venir choisir, dans la maison de l'illustre docteur, les secrets les plus propres à exercer cette faculté de divination surnaturelle; et madame de La Mothe comptait bien, en assistant à une séance, rencontrer ce phénix de ses curieuses recherches, et découvrir, par son moyen, la propriétaire de la boîte qui faisait pour le moment l'objet de ses plus ardentes préoccupations.

Voilà pourquoi elle se rendait en si grande hâte dans la salle où les malades se réunissaient.

Cette salle, nous en demandons pardons à nos lecteurs, va demander une description toute particulière.

Nous l'aborderons franchement.

L'appartement se divisait en deux salles principales.

Lorsqu'on avait traversé les antichambres et exhibé les passe-ports nécessaires aux huissiers de service, on était admis dans un vaste salon dont les fenêtres, hermétiquement fermées, interceptaient le jour et l'air dans le jour, le bruit et l'air pendant la nuit.

Au milieu du salon, sous un lustre dont les bougies ne donnaient qu'une clarté affaiblie et presque mourante, on remarquait une vaste cuve fermée par un couvercle.

Cette cuve n'avait rien d'élégant dans la forme. Elle n'était pas ornée; nulle draperie ne dissimulait la nudité de ses flancs de métal.

C'était cette cuve que l'on appelait le baquet de Mesmer.

Quelle vertu renfermait ce baquet? rien de plus simple à expliquer.

Il était presque entièrement rempli d'eau chargée de principes sulfureux, laquelle eau concentrait ses miasmes sous le couvercle pour en saturer à leur tour les bouteilles rangées méthodiquement au fond du baquet dans des positions inverses.

Il y avait ainsi croisement des courants mystérieux à l'influence desquels les malades devaient leur guérison.

Au couvercle était soudé un anneau de fer soutenant une longue corde, dont nous allons connaître la destination, en jetant un coup d'œil sur les malades.

Ceux-ci, que nous avons vus entrer tout à l'heure dans l'hôtel, se tenaient pâles et languissants, assis sur des fauteuils rangés autour de la cuve.

Hommes et femmes entremêlés, indifférents, sérieux ou inquiets, attendaient le résultat de l'épreuve.

Un valet, prenant le bout de cette longue corde, attachée au couvercle du baquet, la roulait en anneau autour des membres malades, de telle sorte que tous, liés par la même chaine, perçussent en même temps les effets de l'électricité contenue dans le baquet.

Puis, afin de n'interrompre aucunement l'action des fluides animaux transmis et modifiés à chaque nature, les malades avaient soin, sur la recommandation du docteur, de se toucher l'un l'autre, soit du coude, soit de l'épaule, soit des pieds, en sorte que le baquet sauveur envoyait simultanément à tous les corps sa chaleur et sa régénération puissantes.

Certes, c'était un curieux spectacle

que celui de cette cérémonie médicale, et l'on ne s'étonnera pas qu'il excitât la curiosité parisienne à un si haut degré.

Vingt ou trente malades rangés autour de cette cuve ; un valet muet comme les assistants et les enlaçant d'une corde, comme Laocoon et ses fils, des replis de leurs serpents ; puis cet homme lui-même se retirant d'un pas furtif, après avoir désigné aux malades les tringles de fer qui s'emboîtant à certains trous de la cuve, devaient servir de conducteurs plus immédiatement locaux à l'action salutaire du fluide mesmérien.

Et d'abord, dès que la séance était ouverte, une certaine chaleur douce et pénétrante commençait à circuler dans le salon ; elle amollissait les fibres un peu tendues des malades ; elle montait, par degrés, du parquet au plafond, et bientôt se chargeait de parfums délicats, sous la vapeur desquels se penchaient, alourdis, les cerveaux les plus rebelles.

Alors on voyait les malades s'abandonner à l'impression toute voluptueuse de cette atmosphère, lorsque soudain une musique suave et vibrante, exécutée par des instruments et des musiciens invisibles, se perdait comme une douce flamme au milieu de ces parfums et de cette chaleur.

Pure comme le cristal au bord duquel elle prenait naissance, cette musique frappait les nerfs avec une puissance irrésistible. On eût dit un de ces bruits mystérieux et inconnus de la nature, qui étonnent et charment les animaux eux-mêmes; une plainte du vent dans les spirales sonores des rochers.

Bientôt aux sons de l'harmonica se joignaient des voix harmonieuses, groupées comme une masse de fleurs dont bientôt les notes éparpillées comme des feuilles allaient sur la tête des assistants.

Sur tous les visages que la surprise avait animés d'abord, se peignait peu à peu la satisfaction matérielle, caressée par tous ses endroits sensibles. L'âme cédait ; elle sortait de ce refuge où elle se cache quand les maux du corps l'assiègent, et se répandant libre et joyeuse dans toute l'organisation, elle domptait la matière et se transformait.

C'était le moment où chacun des malades avait pris dans ses doigts une tringle de fer assujettie au couvercle du baquet et dirigeait cette tringle sur sa poitrine, son cœur ou sa tête, siége plus spécial de la maladie.

Qu'on se figure alors la béatitude remplaçant sur tous les visages la souffrance et l'anxiété, qu'on se représente l'assoupissement égoïste de ces satisfactions qui absorbent, le silence entrecoupé de soupirs qui pèse sur toute cette assemblée, et l'on aura l'idée la plus exacte possible de la scène que nous venons d'esquisser à deux tiers de siècle du jour où elle avait lieu.

Maintenant quelques mots plus particuliers sur les acteurs.

Et d'abord les acteurs se divisaient en deux classes :

Les uns malades, peu soucieux de ce qu'on appelle le respect humain, limite fort vénérée des gens de condition médiocre, mais toujours franchie par les très grands ou les très petits, les uns, disons-nous, véritables acteurs, n'étaient venus dans ce salon que pour être guéris, et ils essayaient de tout leur cœur d'arriver à ce but.

Les autres, sceptiques ou simple curieux, ne souffrant d'aucune maladie, avaient pénétré dans la maison de Mesmer comme on entre dans un théâtre, soit qu'ils eussent voulu se rendre compte de l'effet éprouvé quand on entourait le baquet enchanté, soit que, simples spectateurs, ils eussent voulu simplement étudier ce nouveau système physique et ne s'occupassent que de regarder les malades et même ceux qui partageaient la cure tout en se portant bien.

Parmi les premiers, fougueux adeptes de Mesmer, liés à sa doctrine par la reconnaissance peut-être, on distinguait une jeune femme d'une belle taille, d'une belle figure, d'une mise un peu extravagante, qui, soumise à l'action du fluide et s'appliquant à elle-même avec la tringle les plus fortes doses sur la tête et sur l'épigastre, commençait à rouler ses beaux yeux comme si tout languissait en elle, tandis que ses mains frissonnaient sous ces premières titillations nerveuses qui indiquent l'envahissement du fluide magnétique.

Lorsque sa tête se renversait en arrière sur le dossier du fauteuil, les assistants pouvaient regarder tout à leur aise ce front pâle, ces lèvres convulsives et ce beau cou marbré peu à peu par le flux et le reflux plus rapide du sang.

Alors parmi les assistants, dont beaucoup tenaient avec étonnement les yeux fixés sur cette jeune femme, deux ou trois têtes, s'inclinant l'une vers l'autre, se communiquaient une idée étrange sans doute qui redoublait l'attention réciproque de ces curieux.

Au nombre de ces curieux était madame de La Mothe, qui, sans crainte d'être reconnue ou s'inquiétant peu de l'être, tenait à la main le masque de satin qu'elle avait posé sur son visage pour traverser la foule,

Au reste, par la façon dont elle s'était placée, elle échappait à peu près à tous les regards.

Elle se tenait près de la porte adossée à un pilastre, voilée par une draperie, et de là elle voyait tout sans être vue.

Mais, parmi tout ce qu'elle voyait, la chose qui lui paraissait la plus digne d'attention était sans doute la figure de cette jeune femme électrisée par le fluide mesmérien.

En effet, cette figure l'avait tellement frappée, que depuis plusieurs minutes elle restait à sa place, fixée par une irrésistible avidité de voir et de savoir.

— Oh! murmurait-elle sans détacher les yeux de la belle malade, c'est à n'en pas douter la dame de charité qui est venue chez moi l'autre soir, et qui est la cause singulière de tout l'intérêt que m'a témoigné monseigneur de Rohan.

Et bien convaincue qu'elle ne se trompait pas, désireuse du hasard qui faisait pour elle ce que ses recherches n'avaient put faire, elle s'approcha.

Mais en ce moment la jeune convulsionnaire ferma ses yeux, crispa sa bouche et battit faiblement l'air avec ses deux mains.

Avec ses deux mains, qui, il faut bien le dire, n'étaient pas tout à fait ces mains fines et effilées, ces mains d'une blancheur de cire que madame de La Mothe avait admirées chez elle quelques jours auparavant.

La contagion de la crise fut électrique

chez la plupart des malades, le cerveau s'était saturé de bruits et de parfums. Toute l'irritation nerveuse était sollicitée. Bientôt, hommes et femmes, entraînés par l'exemple de leur jeune compagne, se mirent à pousser des soupirs, des murmures, des cris, et remuant bras, jambes et têtes, entrèrent franchement et irrésistiblement dans cet accès auquel le maître avait donné le nom de crise.

En ce moment, un homme parut dans la salle, sans que nul l'y eût vu entrer, sans que personne pût dire comment il y était entré.

Sortait-il de la cuve comme Phœbus ?

Apollon des eaux était-il la vapeur embaumée et harmonieuse de la salle qui se condensait? Toujours est-il qu'il se trouva là subitement, et que son habit lilas, doux et frais à l'œil, sa belle figure pâle, intelligente et sereine, ne démentirent pas le caractère un peu divin de cette apparition.

Il tenait à la main une longue baguette, appuyée ou plutôt trempée pour ainsi dire au fameux baquet.

Il fit un signe; les portes s'ouvrirent, vingt robustes valets accoururent, et, saisissant avec une rapide adresse chacun des malades, qui commençaient à perdre l'équilibre sur leurs fauteuils, ils les transportèrent en moins d'une minute dans la salle voisine.

Au moment où s'accomplissait cette opération, devenue intéressante surtout par le paroxisme de béatitude furieuse auquel s'abandonnait la jeune convulsionnaire, madame de La Mothe, qui s'était avancée avec les curieux jusqu'à cette nouvelle salle destinée aux malades, entendit un homme s'écrier :

— Mais c'est-elle, c'est bien elle!

Madame de La Mothe se préparait à demander à cet homme :

— Qui, elle?

Tout à coup deux dames entrèrent au fond de la premièr esalle, appuyées l'une sur l'autre et suivies, à une certaine distance, d'un homme qui avait tout l'extérieur d'un valet de confiance, bien qu'il fût déguisé sous un habit de bourgeois.

La tournure de ces deux femmes, de l'une d'elles surtout, frappa si bien la comtesse, qu'elle fit un pas vers elles.

En ce moment, un grand cri parti de la salle et échappé aux lèvres de la convulsionnaire entraîna tout le monde de son côté.

Aussitôt l'homme qui avait déjà dit : « C'est-elle! » et qui se trouvait près de madame de La Mothe, s'écria d'une voix sourde et mystérieuse :

— Mais, Messieurs, regardez donc, c'est la reine.

A ce mot Jeanne tressaillit.

— La reine ! s'écrièrent à la fois plusieurs voix effrayées et surprises.

— La reine chez Mesmer !

— La reine dans une crise ! répétèrent d'autres voix.

— Oh ! disait l'un, c'est impossible.

— Regardez, répondit l'inconnu avec tranquillité, connaissez-vous la reine, oui ou non?

— En effet, murmurèrent la plupart des assistants, la ressemblance est incroyable.

Madame de La Mothe avait un masque comme toutes les femmes qui, en sortant de chez Mesmer, devaient se rendre au bal de l'Opéra. Elle pouvait donc questionner sans risque.

— Monsieur, demanda-t-elle à l'homme aux exclamations, lequel était un corps volumineux, un visage plein et coloré avec des yeux étincelants et singulièrement observateurs, ne dites-vous pas que la reine est ici ?

— Oh! Madame, c'est à n'en pas douter, répondit celui-ci.

— Et où cela ?

— Mais cette jeune femme que vous apercevez là-bas, sur des coussins violets, dans une crise si ardente qu'elle ne peut modérer ses transports, c'est la reine.

— Mais sur quoi fondez-vous votre idée, Monsieur, que la reine est cette femme?

— Mais tout simplement sur ceci, madame : que cette femme est la reine, répliqua imperturbablement le personnage accusateur.

Et il quitta son interlocutrice pour aller appuyer et propager la nouvelle dans les groupes.

Jeanne se détourna du spectacle presque révoltant que donnait l'épileptique. Mais à peine eut-elle fait quelques pas vers la porte, qu'elle se trouva face à face avec les deux dames qui, en attendant qu'elles passassent aux convulsionnaires, regardaient, non sans un vif intérêt, le baquet, les tringles et le couvercle.

A peine Jeanne eut-elle vu le visage de la plus âgée des deux dames, qu'elle poussa un cri à son tour.

— Qu'y a-t-il? demanda celle-ci.

Jeanne arracha vivement son masque.

— Me reconnaissez-vous! dit-elle.

La dame fit et presque aussitôt réprima un mouvement.

— Non, Madame, fit-elle avec un certain trouble.

— Eh bien! moi, je vous reconnais, et je vais vous en donner une preuve.

Les deux dames, à cette interpellation, se serrèrent l'une contre l'autre avec effroi.

Jeanne tira de sa poche la boîte au portrait.

—Vous avez oublié cela chez moi, dit-elle.

— Mais quand cela serait, Madame, demanda l'aînée, pourquoi tant d'émotion?

— Je suis émue du danger que court ici Votre Majesté.

— Expliquez-vous.

— Oh! pas avant que vous ayez mis ce masque, Madame.

Et elle tendit son loup à la reine, qui hésitait, se croyant suffisamment cachée sous sa coiffe.

— De grâce, pas un instant à perdre, continua Jeanne.

— Faites, faites, Madame; dit tout bas la seconde femme à la reine.

La reine mit machinalement le masque sur son visage.

— Et maintenant, venez, venez, dit Jeanne.

Et elle entraîna les deux femmes si vivement, qu'elle ne s'arrêtèrent qu'à la porte de la rue, où elles se trouvèrent au bout de quelques secondes.

—Mais enfin, dit la reine en respirant.

— Votre Majesté n'a été vue de personne?

— Je ne crois pas.

— Tant mieux.

— Mais enfin m'expliquerez-vous....

— Que, pour le moment, Votre Majesté en croie sa fidèle servante quand celle-ci vient de lui dire qu'elle court le plus grand danger.

— Encore, ce danger quel est-il ?

— J'aurai l'honneur de tout dire à Sa Majesté, si elle daigne un jour m'accorder une heure d'audience. Mais la chose est longue ; Sa Majesté peut être connue, remarquée.

Et comme elle voyait que la reine manifestait quelque impatience.

—Oh! Madame, dit-elle à la princesse de Lamballe, joignez-vous à moi, je vous en supplie, pour obtenir que Sa Majesté parte, et parte à l'instant même.

La princesse fit un geste suppliant.

— Allons, dit la reine, puisque vous le voulez.

Puis se retournant vers madame de La Mothe.

— Vous m'avez demandé une audience, dit-elle.

— J'aspire à l'honneur de donner à Votre Majesté l'explication de ma conduite.

— Eh bien! rapportez-moi cette boîte

et demandez le concierge Laurent, il sera prévenu.

Et se retournant vers la rue.

—*Kommen sie da*, *Weber!* cria-t-elle en allemand.

Un carrosse s'approcha avec rapidité, les deux princesses s'y élancèrent.

Madame de La Mothe resta sur la porte jusqu'à ce qu'elle l'eût perdue de vue.

— Oh! dit-elle tout bas, j'ai bien fait de faire ce ce que j'ait, mais pour la suite..... réfléchissons.

VIII

Mademoiselle Oliva.

Pendant ce temps l'homme qui avait signalé la prétendue reine aux regards des assistants frappait sur l'épaule d'un des spectateurs à l'œil avide, à l'habit râpé.

— Pour vous qui êtes journaliste, dit-il, le beau sujet d'article!

— Comment cela ? répondit le gazetier.

— En voulez-vous le sommaire ?

— Volontiers.

— Le voici : « Du danger qu'il y a de naître sujet d'un pays dont le roi est gouverné par la reine, laquelle reine aime les crises. »

Le gazetier se mit à rire.

— Et la Bastille ? dit-il.

— Allons donc! Est-ce qu'il n'y a pas les anagrammes, à l'aide desquelles on évite tous les censeurs royaux? Je vous demande un peu si jamais un censeur vous interdira de raconter l'histoire du prince Silou et de la princesse Etteniotna, souveraine de Narfec? Hein? qu'en dites-vous ?

—Oh! oui, s'écria le gazetier enflammé, l'idée est admirable.

— Et je vous prie de croire qu'un chapitre intitulé : *Les crises de la princesse Etteniotna chez le fakir Remsem* obtiendrait un joli succès dans les salons.

— Je le crois comme vous.

— Allez donc et rédigez-nous cela de votre meilleure encre.

Le gazetier serra la main de l'inconnu.

— Vous enverrai-je quelques numéros? dit-il ; je le ferai avec bien du plaisir s'il vous plaît de me dire votre nom.

— Certes, oui! L'idée me ravit, et exécutée par vous elle gagnera cent pour cent. A combien tirez-vous ordinairement vos petits pamphlets?

— Deux mille.

— Rendez-moi donc un service ?

— Volontiers.

— Prenez ces cinquante louis et faites tirer à six mille.

— Comment! Monsieur; oh! mais vous me comblez... Que je sache au moins le non d'un si généreux protecteur des lettres.

— Je vous le dirai en faisant prendre chez vous un millier d'exemplaires à deux livres la pièce, dans huit jours, n'est-ce pas?

— J'y travaillerai jour et nuit, Monsieur.

— Et que ce soit divertissant.

— A faire rire aux larmes tout Paris, excepté une personne.

— Qui pleurera jusqu'au sang, n'est-ce pas ?

— Oh! Monsieur, que vous avez d'esprit!

— Vous êtes bien bon. A propos, datez la publication de Londres.

— Comme toujours.

— Monsieur, je suis bien votre serviteur.

Et le gros inconnu congédia le folliculaire, lequel, ses cinquante louis en poche, s'enfuit léger comme un oiseau de mauvais augure.

L'inconnu demeuré seul, ou plutôt sans compagnon, regarda encore, dans la salle des crises, la jeune femme dont l'extase avait fait place à une prostration absolue, et dont une femme de chambre affectée au service des dames en travail de crise abaissait chastement les jupes un peu indiscrètes.

Il remarqua dans cette délicate beauté ces traits fins et voluptueux, la grâce noble de ce sommeil abandonné, puis revenant sur ses pas,

— Décidément, dit-il, la ressemblance est effrayante, Dieu, qui l'a faite, avait ses desseins; il a condamné d'avance celle de là-bas, à qui celle-ci ressemble.

Au moment où il achevait de formuler cette pensée menaçante, la jeune femme se souleva lentement du milieu des coussins, et, s'aidant du bras d'un voisin réveillé déjà de l'extase, elle s'occupa de remettre un peu d'ordre dans sa toilette fort compromise.

Elle rougit un peu de voir l'attention que les assistants lui donnaient, répondit avec une politesse coquette aux questions graves et avenantes à la fois de Mesmer; puis étirant ses bras ronds et ses jolies jambes comme une chatte qui sort du sommeil, elle traversa les trois salons, récoltant, sans en perdre un seul, tous les regards, soit railleurs, soit convoiteurs, soit effarés, que lui envoyaient les assistants.

Mais ce qui la surprit au point de la faire sourire, c'est qu'en passant devant un groupe chuchottant dans un coin du salon, elle essuya, au lieu d'œillades mutines et de propos galants, une bordée de révérences respectueuses que nul courtisan français n'en eût trouvé de plus guindées et de plus sévères pour saluer sa reine.

Et réellement ce groupe stupéfait et révérencieux avait été composé à la hâte par cet inconnu infatigable qui, caché derrière eux, leur disait à demi-voix :

— N'importe, Messieurs, n'importe, ce n'est pas moins la reine de France, saluons, saluons bas.

La petite personne, objet de tant de respect, franchit avec une sorte d'inquiétude le dernier vestibule et arriva dans la cour.

Là ses yeux fatigués cherchèrent un fiacre ou une chaise à porteurs : elle ne trouva ni l'un ni l'autre ; seulement, au bout d'une minute d'indécision à peu près, lorsqu'elle posait déjà son pied mignon sur le pavé, un grand laquais s'approcha d'elle.

— La voiture de Madame! dit-il.

— Mais, répliqua la jeune femme, je n'ai pas de voiture.

— Madame est venue dans un fiacre?

— Oui.

— De la rue Dauphine?

— Oui.

— Je vais ramener madame chez elle.

— Soit, ramenez-moi, dit la petite

personne d'un air fort délibéré sans avoir conservé plus d'une minute l'espèce d'inquiétude que l'imprévu de cette proposition eût causée à toute autre femme.

Le laquais fit un signe auquel répondit aussitôt un carrosse de bonne apparence qui vint recevoir la dame au péristyle.

Le laquais releva le marchepied, cria au cocher : — Rue Dauphine.

Les chevaux partirent avec rapidité ; arrivés au Pont-Neuf, la petite dame, qui goûtait fort cette façon d'aller, comme dit Lafontaine, regrettait de ne pas loger au Jardin-des-Plantes.

La voiture s'arrêta. Le marchepied s'abaissa; déjà le laquais bien appris tendait la main pour recevoir le passe-partout à l'aide duquel rentraient chez eux les habitants des trente mille maisons de Paris qui n'étaient pas des hôtels et n'avaient ni concierge ni suisse.

Ce laquais ouvrit donc la porte pour ménager les doigts de la petite dame; puis, au moment où celle-ci pénétrait dans l'allée sombre, il la salua et referma la porte.

Le carrosse se remit à rouler et disparut.

— En vérité, s'écria la jeune femme, voilà une agréable aventure. C'est bien galant de la part de M. Mesmer. Oh! que je suis fatiguée. Il aura prévu cela. C'est un bien grand médecin.

En disant ces mots, elle était arrivée au deuxième étage de la maison, sur un palier commandé par deux portes.

Aussitôt qu'elle eut frappé, une vieille lui ouvrit.

— Oh! bonsoir, mère; le souper est-il prêt.

— Oui, et même il refroidit.

— Est-il là, *lui?*

— Non, pas encore ; mais le monsieur y est.

— Quel monsieur ?

— Celui auquel vous avez besoin de parler ce soir.

— Moi !

— Oui, vous.

Ce colloque avait lieu dans une espèce de petite antichambre vitrée, qui séparait le palier d'une grande chambre donnant sur la rue.

Au travers du vitrage, on voyait distinctement la lampe qui éclairait cette chambre, dont l'aspect était, sinon satisfaisant, du moins supportable.

De vieux rideaux, d'une soie jaune que le temps avait veinés et blanchis par places, quelques chaises de velours d'Utrecht vert à côtes, et un grand chiffonnier à douze tiroirs, en marqueterie, un vieux sofa jaune, telles étaient les magnificences de l'appartement.

Elle ne reconnut pas cet homme, mais nos lecteurs le reconnaîtront bien : c'était celui qui avait ameuté les curieux sur le passage de la prétendue reine, l'homme aux cinquante louis donnés pour le pamphlet.

Un cartel meublait la cheminée flanqué de deux potiches bleu-Japon visiblement fêlées.

La jeune femme ouvrit brusquement la porte vitrée et vint jusqu'au sofa, sur lequel elle vit assis fort tranquillement un homme d'une bonne mine, gras plutôt que maigre, qui jouait d'une fort belle main blanche avec un très riche jabot de dentelle.

La jeune femme n'eut pas le temps de commencer l'entretien.

Ce singulier personnage fit une espèce de salut, moitié mouvement, moitié inclination, et attachant sur son hôtesse un regard brillant et plein de bienveillance :

— Je sais, dit-il, ce que vous allez me demander; mais je vous répondrai mieux en vous questionnant moi-même. Vous êtes mademoiselle Oliva?

— Oui, Monsieur.

— Charmante femme très nerveuse et très éprise du système de M. Mesmer.

— J'arrive de chez lui.

— Fort bien! Cela ne vous explique

pas, à ce que me disent vos beaux yeux, pourquoi vous me trouvez sur votre sofa, et voilà ce que vous désirez plus particulièrement connaître.

— Vous avez deviné juste, Monsieur.

— Voulez-vous me faire la grâce de vous asseoir ; si vous restiez debout, je serais forcé de me lever aussi ; alors nous ne causerions plus commodément.

— Vous pouvez vous flatter d'avoir des manières fort extraordinaires, répliqua la jeune femme que nous appellerons désormais mademoiselle Oliva, puisqu'elle daignait répondre à ce nom.

— Mademoiselle, je vous ai vue tout-à-l'heure chez M. Mesmer, je vous ai trouvée telle que je vous souhaitais.

— Monsieur!

— Oh! ne vous alarmez pas, mademoiselle, je ne vous dis pas que je vous ai trouvée charmante; non, cela vous ferait l'effet d'une déclaration d'amour, et telle n'est pas mon intention. Ne vous reculez pas, je vous prie, vous allez me forcer de crier comme un sourd.

— Que voulez-vous, alors? fit naïvement Oliva.

— Je sais, continua l'inconnu, que

vous êtes habituée à vous entendre dire que vous êtes belle; moi, je le pense d'ailleurs, j'ai autre chose à vous proposer.

— Monsieur, en vérité, vous me parlez sur un ton...

— Ne vous effarouchez donc pas avant de m'avoir entendu... Est-ce qu'il y a quelqu'un de caché ici ?

— Personne n'est caché, Monsieur, mais enfin...

— Alors, si personne n'est caché, ne nous gênons pas pour parler... Que diriez-vous d'une petite association entre nous?

— Une association... Vous voyez bien...

— Voilà encore que vous confondez. Je ne vous dis pas liaison, je vous dis association. Je ne vous dis pas amour, je vous dis affaires.

— Quelle sorte d'affaires? demanda Oliva, dont la curiosité se trahissait par un véritable ébahissement.

— Qu'est-ce que vous faites toute la journée?

— Mais...

— Ne craignez point; je ne suis point pour vous blâmer; dites-moi ce qu'il vous plaira.

— Je ne fais rien, ou du moins je fais le moins possible.

— Vous êtes paresseuse.

— Oh !

— Très bien.

— Ah ! vous dites très bien.

— Sans doute. Qu'est-ce que cela me fait à moi, que vous soyez paresseuse? Aimez-vous à vous promener?

— Beaucoup.

— A courir les spectacles, les bals?

— Toujours.

— A bien vivre?

— Surtout.

— Si je vous donnais vingt-cinq louis par mois, me refuseriez-vous?

— Monsieur!

— Ma chère demoiselle Oliva, voilà que vous recommencez à douter. Il était pourtant convenu que vous ne vous effaroucheriez pas. J'ai dit vingt-cinq louis comme j'aurais dit cinquante.

— J'aimerais mieux cinquante que vingt-cinq ; mais ce que j'aime encore mieux que cinquante, c'est le droit de choisir mon amant.

— Morbleu ! je vous ai déjà dit que je ne voulais pas être votre amant. Tenez-vous donc l'esprit en repos.

— Alors, morbleu aussi, que voulez-vous que je fasse pour gagner vos cinquante louis ?

— Avons-nous dit cinquante ?

— Oui.

— Soit, cinquante. Vous me recevrez chez vous, vous me ferez le meilleur visage possible, vous me donnerez le bras quand je le désirerai, vous m'attendrez où je vous dirai de m'attendre.

— Mais j'ai un amant, Monsieur.

— Eh bien! après?

— Comment, après?

— Oui... chassez-le, pardieu!

— Oh! l'on ne chasse pas Beausire comme on veut.

— Voulez-vous que je vous y aide?

— Non, je l'aime.

— Oh !

— Un peu.

— C'est précisément trop.

— C'est comme cela.

— Alors, passe pour le Beausire.

— Vous êtes commode, Monsieur.

— A charge de revanche; les conditions vous vont-elles ?

— Elles me vont si vous me les avez dites au complet ?

— Ecoutez donc, ma chère, j'ai dit tout ce que j'ai à dire pour le moment.

— Parole d'honneur?

— Parole d'honneur. Mais cependant vous comprenez une chose...

— Laquelle?

— C'est que si, par hasard, j'avais besoin que vous fussiez réellement ma maîtresse.

— Ah! voyez-vous, on n'a jamais besoin de cela, Monsieur.

— Mais de le paraître.

— Oh ! pour cela, passe encore.

— Eh bien ! c'est dit.

— Tope.

— Voici le premier mois d'avance.

Il lui tendit un rouleau de cinquante louis, sans même effleurer le bout de ses doigts. Et comme elle hésitait, il le lui glissa dans la poche de sa robe, sans même frôler de la main cette hanche si ronde et si mobile, que les fins gourmets de l'Espagne ne l'eussent pas dédaignée comme lui.

A peine l'or avait-il touché le fond de la poche, que deux coups secs frappés à la porte de la rue firent bondir Oliva vers la fenêtre.

— Bon Dieu ! s'écria-t-elle, sauvez-vous vite, c'est lui.

— Lui. Qui ?

— Beausire... mon amant .. Remuez-vous donc, Monsieur.

— Ah! ma foi! tant pis!

— Comment, tant pis! mais il va vous mettre en pièces.

— Bah!

— Entendez-vous comme il frappe ; il va enfoncer la porte.

— Faites-lui ouvrir. Que diable aussi pourquoi ne lui donnez-vous pas de passe-partout.

Et l'inconnu s'étendit sur le sofa en disant tout bas :

— Il faut que je voie ce drôle et que je le juge.

Les coups continuaient, ils s'entrecoupaient d'affreux jurons qui montaient bien plus haut que le deuxième étage.

— Allez, mère ! allez ouvrir, dit Oliva toute furieuse. Et quant à vous, Monsieur, tant pis s'il vous arrive un malheur.

— Comme vous dites tant pis, répliqua l'impassible inconnu sans bouger du sofa.

Oliva écoutait, palpitante sur le palier.

FIN DU TROISIÈME VOLUME.

TABLE.

Chap. I. Le Suffren. 1

II. Monsieur de Charny. 37

III. Les cent louis de la Reine 67

IV. Maître Fingret. 89

V. Le cardinal de Rohan. 121

VI. Mesmer et Saint-Martin. 185

VII. Le Baquet. 219

VIII. Mademoiselle Oliva. 269

Ouvrages d'Alexandre Dumas.

EN VENTE :

LE COLLIER DE LA REINE,
6 volumes in-8.

LA RÉGENCE,
2 volumes in-8.

Cet Ouvrage n'a pas paru dans les Journaux.

LE VÉLOCE,
2 volumes in-8.

Cet Ouvrage n'a pas paru dans les Journaux.

SOUS PRESSE :

LOUIS QUINZE,
Cet Ouvrage ne paraîtra pas dans les Journaux.

LES MILLE ET UN FANTOMES,
2 volumes in-8.

IMPRIMERIE DE E. DÉPÉE, A SCEAUX (SEINE).

www.ingramcontent.com/pod-product-compliance
Lightning Source LLC
Chambersburg PA
CBHW060417170426
43199CB00013B/2181